Wir gehen essen in Frankreich

W0060087

Sibylle Bach

Wir gehen essen in Frankreich

illustriert von
Ernst Hürlimann

- Bei mit diesem Zeichen versehenen Gerichten werden Sing-vögel (Zugvögel) zubereitet, die in ihren Heimatländern unter Schutz stehen

- Die mit diesem Zeichen versehenen Gerichte werden aus Zugvögeln hergestellt, von denen Wachtel, Waldschnepfe, Knäkente und Bekassine zu den Arten gehören, die bereits in ihrem Bestand bedroht sind

- Bei mit diesem Zeichen versehenen Gerichten werden Vö-gel zubereitet, die in ihrer Existenz hochgradig gefährdet sind

Wer auf so gekennzeichnete Gerichte verzichtet, trägt dazu bei, diese Vögel uns und der Nachwelt zu erhalten.

7. Auflage 1981, 86.–106. Tausend
© Copyright 1981 by ADAC Verlag GmbH
Baumgartnerstraße 53, 8000 München 70
Alle Rechte vorbehalten
Gesamtherstellung Passavia Druckerei GmbH Passau

ISBN 3-87003-118-2

Inhalt

Essen und Trinken
in Frankreich

Die große Zeit der französischen Küche begann in der Renaissance, zwischen dem 15. und 16. Jahrhundert. Katharina von Medici, die Frau Heinrichs II, legte großen Wert auf gutes, abwechslungsreiches Essen und brachte wahrscheinlich aus Italien ihre eigenen Köche mit nach Frankreich. Langsam und stetig verfeinerte und entwickelte sich nun die Kochkunst der Höfe und Reichen zur ›haute cuisine‹, der großen Küche Frankreichs, die ihren Höhepunkt Anfang des 20. Jahrhunderts erreicht hatte und die in allen großen Restaurants der französischen Städte gepflegt wird. In ihrer Vollendung – allerdings für sehr viel Geld – findet man die ›haute cuisine‹ in Paris im Grand Véfour, Lasserre, Maxim's, Taillevent, Tour d'Argent oder Vivarois.

Daneben haben sich in langer Tradition die ›cuisine bourgeoise‹, die bürgerliche Küche, und die ›cuisine régionale‹, die regional eigenständige Küche, entwickelt. Jede der zweiunddreißig alten französischen Provinzen hat ihre eigene Note, geprägt von der Landschaft, dem Klima und den Menschen.

Essen und Trinken gehören zu den liebsten Beschäftigungen der Franzosen. Das Hotelfrühstück ist allerdings nicht besser und nicht schlechter als überall. Es besteht aus Milchkaffee, Tee oder Kakao, Butter, dazu nicht immer Marmelade oder Honig, Brot, ›croissants‹, Blätterteighörnchen, oder ›brioche‹, Hefegebäck. Die Hauptmahlzeit ist das Mittagessen. Aber man kann natürlich auch am Abend reichlich und gut speisen.

Den ›apéritif‹ nimmt der Franzose im Café oder in der Bar, selten im Restaurant am Tisch: entweder Vermouth, Portwein, Sherry, Whisky, Gin oder ein meist süßlicher Spezialapéritif, z.B. Amer Picon, Dubonnet oder Byrrh, Vin blanc cassis oder ein Kräuterlikör, z.B. Suze auf der Basis von Enzian.

Das Menü ist meist billiger als das Essen ›à la carte‹, und wer den Wein bestellt, erhält die Rechnung auch für die Speisen, wenn nicht vorher ausdrücklich gesagt wurde, daß jeder getrennt bezahlt. Es ist üblich, erst das Essen und dann die Getränke zu bestellen. In einem guten Restaurant kann man sich vom Kellner beraten lassen; er wird sich große Mühe geben, zu einem bestimmten Gericht den richtigen Wein vorzuschlagen.

Es gibt zwar in Frankreich mehrere Brauereien, vor allem im Elsaß; aber der Franzose, auch der Arbeiter und die Landbevölkerung, trinkt zum Essen fast nur Wein und Wasser. In der Normandie, deren Küche sehr schwer und reichhaltig ist, gibt es die Sitte, zwischen den Gerichten ein Glas Calvados zu trinken, einen ›trou normand‹ genannten Apfelbranntwein, der Platz für den nächsten Gang schafft.

Am Ende der Mahlzeit wird schwarzer Kaffee serviert, und vielleicht fragt der Kellner: »Voulez-vous un poussecafé?«. Er will wissen, ob er noch einen Schnaps servieren soll: Armagnac, Cognac, Marc, Calvados oder Eau de vie blanche.

Eine große Hilfe für den unkundigen Touristen ist der rote Hotel- und Restaurantführer von Michelin. In ihm sind sowohl gute und preiswerte als auch die besten Restaurants aufgeführt. Bis zu drei Sterne vor dem Namen zeigen die Qualität der Küche an. Schon ein Stern ist einen längeren Umweg wert. Und wenn man dann gut gegessen hat, sollte man nicht versäumen, dem Patron oder Küchenchef sagen zu lassen: »Le repas était très bon!«.

Wo kann man essen ?

Auberge Landgasthof, in dem man übernachten und meist auch gut essen kann

Bar Hier nimmt man einen Aperitif und andere alkoholische Getränke; man kann auch eine Tasse Kaffee trinken oder ein belegtes Brot essen

Bar comptoir Man trinkt im Stehen an der Theke

Bistro – Bistrot Entweder ein einfaches Lokal mit einigen Tagesgerichten oder auch, besonders in Paris, ein sehr gutes Eßlokal, in dem man bequem sitzt

Brasserie Man trinkt darin hauptsächlich Bier, erhält aber auch andere Getränke und kleine Mahlzeiten

Buffet Gaststätte an Bahnhöfen und Flughäfen

Café Man kann essen und trinken, allein oder in Gesellschaft stundenlang bei einem Kaffee oder einem anderen Getränk sitzen

Châteaux Hôtels de France Alte, zu Hotels umgebaute Schlösser, in denen man auch sehr gut essen kann

Crêperie Hier werden Pfannkuchen in allen Variationen serviert oder verkauft

Hostellerie Einfaches, kleines Hotel, in dem man essen kann

Hôtel Es gibt wie überall Hotels mit und ohne Restaurant; in jedem Fall kann man frühstücken; das Frühstück wird ohne Zuschlag im Zimmer serviert

Logis de France Kleine Hotels, in denen Spezialitäten der Gegend serviert werden; sie sind gekennzeichnet durch ein schmiedeeisernes Schild, das ein Kaminfeuer zeigt

Relais de Campagne – Relais Gourmands Landschaftlich sehr schön gelegene Hotels, in denen man meistens hervorragend essen kann

Relais de Tourisme Kleine Hotels, in denen man ausgezeichnet essen kann

Restaurant – Restaurant-Café Man kann essen und Kaffee trinken

Restaurant libre service Selbstbedienungs-Gaststätten, in denen man preiswert und manchmal recht gut essen kann

Rôtisserie Grillrestaurant

Salon de Thé Meistens einer Pâtisserie bzw. Konditorei angeschlossen; es gibt Tee, Kaffee, Kuchen, Eis, belegte Brote, also alles, was man bei uns im Café bekommt

Taverne Man trinkt hauptsächlich Wein, kann aber auch eine kleine Mahlzeit erhalten

Carte
Speisekarte

Menu du ...
Menü vom ...

Petit déjeuner
Frühstück

Déjeuner
Mittagessen

Diner   Souper
Abendessen   *Spätes Abendessen*

Repas   Repas rapide
Mahlzeit   *Schnelle Mahlzeit*

Repas à toute heure
Mahlzeit zu jeder Tageszeit

Plat du jour
Tagesgericht

Spécialités de la maison
Spezialitäten des Hauses

Buffet froid
Kalte Speisen

Hors-d'œuvre
Vorspeisen

Entrées
Eingangsgerichte

Potages et soupes
Suppen

Pâtés	Pâtes
Pasteten	*Teigwaren*

Riz	Œufs
Reisgerichte	*Eiergerichte*

Poissons
Fische

Crustacés	Mollusques
Schalentiere	*Muscheln*

Viande
Fleisch

Volaille	Gibier
Geflügel	*Wild*

Grillades et rôtis
Gegrilltes und Gebratenes

Au feu de bois
Vom Holzkohlenfeuer

Légumes	Salades
Gemüse	*Salate*

Entremets
Süßspeisen

Fromages
Käse

Pâtisseries	Dessert
Gebäck	*Nachtisch*

Fruits	Glaces
Früchte	*Eis*

Vins divers
Verschiedene Weine

Vin ordinaire
Einfacher Tischwein oder einheimischer Landwein

Vin blanc
Weißwein

Vin rouge
Rotwein

Vin gris
Schillerwein

Vin rosé
Rosé-Wein

Vin de paille
Süßer Weißwein (Strohwein)

Vin doux
Süßwein

Vin bourru
Junger Wein

Vin sec
Trockener Wein

Vin léger
Leichter Wein

Vin d'origine
Naturwein

Vin mousseux
Schaumwein

Vin du pays
Landwein

Vin en fût
Faßwein

Vin en carafe (pichet)
Offener Wein in der Glaskaraffe (im Krug)

Champagne
Champagner (Sekt)

Cidre
Apfelwein

Vin blanc cassis-Kir
Weißwein mit Likör von schwarzen Johannisbeeren

Bière   Bière à la pression
Bier   *Faßbier*

Eau de Seltz – Seltz
Sodawasser

Eaux minérales (gazeuse, sans gaz)
Mineralwasser (mit Kohlensäure, ohne Kohlensäure)

Grenadine
Granatapfelsirup mit Soda oder Wasser

Orange (citron) pressée
Frisch gepreßter Orangensaft (Zitronensaft)

Jus de fruits divers
Verschiedene Fruchtsäfte

Pschitt orange (citron) – Vittel orange (citron)
Orangenlimonade (Zitronenlimonade) in Flaschen

Lait
Milch

Lait entier   Lait écrémé
Vollmilch   *Magermilch*

Lait de beurre   Lait caillé
Buttermilch   *Dicke Milch*

Lait d'amandes
Mandelmilchgetränk

Lait de coco   Lait de bananes
Kokosmilchgetränk   *Bananenmilch*

Lait de poule
*Warme Milch, mit geschlagenem Eigelb, Zucker und
Orangenblütenwasser oder Rum vermengt*

Caccola
Kleine Fläschchen mit einem Schokoladengetränk

Thé	Thé de Chine
Schwarzer Tee	*Chinesischer Tee*

Thé au citron	Thé au lait
Tee mit Zitrone	*Tee mit Milch*

Infusion de camomille
Kamillentee (beruhigend und krampflösend)

Infusion de menthe
Pfefferminztee (schmerzlindernd und erfrischend)

Infusion de tilleul
Lindenblütentee (schlaffördernd und gegen Erkältung)

Infusion de mélisse
Melissentee (herz- und nervenstärkend)

Café noir (nature)	Café au lait (crème)
Schwarzer Kaffee	*Kaffee mit Milch*

Café express	Café filtre
Espresso	*Filterkaffee*

Café décaféiné – Café Hag
Coffeinfreier Kaffee

Café liégeois (glacé)
*Kalter gezuckerter Kaffee mit Vanilleschlagsahne
(mit Eisstückchen)*

Café complet
*Kaffee mit Blätterteighörnchen (Croissants), Weißbrot,
Butter und Marmelade*

Alcools et Liqueurs	Eau-de-vie
Schnäpse und Liköre	*Branntwein*

Apéritifs
Aperitifs, z.B. Vermouth, Pernod, Ricard, Pastis

Tasse	Verre	Bouteille
Tasse	*Glas*	*Flasche*

Demie bouteille	Petite bouteille
$^1/_2$ Flasche	*Kleine Flasche*

Was noch auf der Speisekarte stehen kann

Aujourd'hui le chef vous recommande
Der Chef empfiehlt Ihnen heute

Le cuisinier vous propose
Der Koch schlägt Ihnen vor

Dégustez mon …
Probieren Sie mein …

Veuillez consulter notre carte de vins
Ziehen Sie unsere Weinkarte zu Rate

Au choix
Nach Wunsch

Sur commande (vingt-quatre heures)
Auf Bestellung (24 Stunden vorher)

Tous (toutes) les …
Es gibt alle Arten von …

Comme chez nous
Nach Art des Hauses

Suprême de …
Besonders delikate Zubereitungsart von …

Toutes nos viandes et rôtis sont garnis
Alle unsere Fleischgerichte und Braten
werden mit Beilagen serviert

Les plats précédés de + demandent
de 20 à 40 minutes de préparation
Die Gerichte, die mit einem Kreuz versehen sind,
benötigen 20 bis 40 Minuten für die Zubereitung

Les plats précédés d'une croix ne figurent plus
à la carte du jour
Die Gerichte, die mit einem Kreuz versehen sind,
sind nicht mehr auf der Tageskarte

Prix selon grosseur
Preis je nach Größe

Les 6 (Dz) ...
6 Stück (das Dutzend) ...

Couvert Fr ...
Gedeck Fr ...

Supplément pour changement de garnitures
Aufschlag für Änderung der Beilagen

Prix nets
Netto-Preise (Bedienung und Abgaben werden gesondert berechnet)

Tous les plats s'entendent taxes et service compris et sont servis avec
accompagnement de légumes au choix
*Die Preise für alle Gerichte verstehen sich inclusive Abgaben und Bedienung;
die Gerichte werden mit Gemüsebeilagen nach Wunsch serviert*

Couverts et taxes compris
Gedecke und Abgaben inbegriffen

Prix boisson et service compris
Im Preis sind Getränke und Bedienung inbegriffen

Le service est compris dans le prix du menu
Die Bedienung ist im Preis für das Menü inbegriffen

Vin non compris
Wein nicht im Preis inbegriffen

Service (15%) et boisson en sus
Bedienung (15%) und Getränke werden zusätzlich berechnet

La maison est fermée le dimanche
Das Haus ist sonntags geschlossen

La maison n'est pas responsable des vêtements ou objets perdus,
échangés, tachés ou brûlés
*Unser Haus übernimmt keine Haftung für Kleidungsstücke oder Gegenstände,
die verloren, verwechselt, beschmutzt oder verbrannt sind*

Redewendungen deutsch–französisch

Beim Betreten der Gaststätte

Ich möchte etwas essen (trinken)	Je voudrais manger (boire) quelque chose
Was haben Sie zu essen?	Qu'est-ce que vous avez à manger?
Kann man hier ein Menü essen?	Est-ce possible de manger un menu ici?
Wann (wo) kann man frühstücken?	À quelle heure (où) peut-on prendre le petit déjeuner?
Wann kann man zu Mittag (zu Abend) essen?	À quelle heure peut-on déjeuner (dîner)?
Wir brauchen vier Plätze	Auriez-vous quatre places?
Sind diese Plätze noch frei?	Est-ce que ces places sont libres?
Ich möchte einen Tisch für 5 Personen für heute Abend (morgen Abend) 8 Uhr bestellen	Je voudrais réserver une table pour cinq personnes pour ce soir (demain soir) à huit heures
Gestatten Sie?	Permettez-vous?

Bestellung

Wer bedient hier?	Qui sert ici?
Kellner!	Garçon s'il vous plaît!
Bitte die Speisekarte	La carte s'il vous plaît
Was empfehlen Sie mir?	Que me recommandez-vous?
Ich habe Hunger (Durst)	J'ai faim (soif)
Was ist fertig?	Qu'est-ce qui est prêt (rapide)?
Bringen Sie mir bitte ...	Apportez-moi s'il vous plaît ...
Ich möchte (nehme lieber)	J'aimerais (je préfèrerais)
Ich muß Diät essen (salzlos, Leberdiät, Diabetikerkost)	Je suis au régime (sans sel, du foie, diabète)
Bitte Brot	Du pain s'il vous plaît
Bitte Wasser	De l'eau s'il vous plaît

Geben Sie mir bitte Salz (Pfeffer)	Apportez-moi du sel (poivre) s'il vous plaît
Bitte einen Teller für das Kind	S'il vous plaît un plat pour l'enfant
Bitte noch zwei Tassen Kaffee	S'il vous plaît deux autres tasses de café
Was für Bier haben Sie?	Quelle marque de bière avez-vous?

Fleisch und Fisch

Ich möchte das Fleisch gut durchgebraten	J'aimerais la viande bien cuite
… halb durch (englisch)	… à point
… blutig	… saignante
… fast roh (nur kurz auf beiden Seiten angebraten)	… bleue
Ich möchte mageres Fleisch	J'aimerais de la viande maigre
Ich möchte das Fleisch mit (ohne) Soße	J'aimerais la viande avec (sans) sauce
Ich möchte den Fisch gebacken (gekocht, gegrillt)	J'aimerais du poisson frit (bouilli, grillé)
Ich nehme diesen	Je prends celui-ci
Wie ist sein Preis?	Quel est son prix?
Ich möchte ihn im Sud gekocht (gegrillt)	Je le voudrais à la nage (grillé)
Wie lange dauert es, bis er fertig ist?	Dans combien de temps est-il prêt?

Wein

Was für Wein haben Sie?	Qu'avez-vous comme vin s'il vous plaît?
Geben Sie mir bitte die Weinkarte	Donnez-moi la carte des vins s'il vous plaît
Ich möchte einen guten hiesigen Wein	J'aimerais un bon vin de la région
Bringen Sie mir einen guten offenen Wein (Flaschenwein)	Apportez-moi du vin en carafe (une bonne bouteille de vin)
Bringen Sie mir einen viertel Liter (eine Flasche …)	Apportez-moi un quart de vin (une bouteille de …)

19

Reklamation

Hier fehlt ein Teller	Il manque une assiette
Ich habe kein Messer (Gabel, Löffel)	Je n'ai pas de couteau (fourchette, cuillère)
Dieses Gericht schmeckt mir nicht	Je n'aime pas ce plat (ce plat n'est pas de mon goût)
Dieses Gericht ist ungenießbar	Ce plat est inmangeable
Nehmen Sie es zurück	Reprenez ce plat
Ich habe … bestellt	J'ai commandé …
Ich habe … nicht bestellt	Je n'ai pas commandé …
Hier liegt ein Versehen vor	Ce doit être une erreur
Ich möchte den Wirt sprechen	Je voudrais parler au patron (chef)

Rechnung

Kellner, (ich möchte) zahlen bitte	Garçon l'addition s'il vous plaît
Wieviel kostet es?	C'est combien?
Das Trinkgeld ist für Sie	C'est pour vous
Ist das Trinkgeld im Preis enthalten?	Est-ce que le service est compris?

Sonstiges

Ja, bitte	Oui s'il vous plaît
Ja, gern (wenn der Ober nachreichen will)	Volontiers merci
Nein, danke	Non merci
Ist hier in der Nähe ein gutes, nicht zu teures Restaurant?	Est-ce qu'il y a dans les environs un bon restaurant pas trop cher
Ich habe keinen großen Appetit	Je n'ai pas très faim
Wo sind die Toiletten?	Où sont les toilettes?
Es hat sehr (besonders) gut geschmeckt	C'etait très (très très) bon

Zahlen

Eins, zwei, drei, vier, fünf, sechs, sieben, acht, neun, zehn, null	Un, deux, trois, quatre, cinq, six, sept, huit, neuf, dix, zéro

Hors d'Œuvre – Vorspeisen

»L'appétit vient en mangeant«, »Beim Essen kommt der Appetit«, hat Rabelais gesagt, und das wissen die Franzosen. Deshalb sind die Vorspeisen ein wichtiger Teil der französischen Mahlzeit. Kein Franzose wird freiwillig darauf verzichten, wenn er nicht krank oder in großer Zeitnot ist. Es gibt beispielsweise ganz einfache Gasthäuser für Fernfahrer, ›les routiers‹ genannt, in denen meistens nur ein Menü angeboten wird; der Preis dafür ist niedrig, aber es ist mit viel Liebe zubereitet und – worauf es hier ankommt – die Vorspeise, meistens etwas Wurst oder Schinken und Salat, könnte nicht besser sein.

Allumettes aux anchois Längliche Blätterteigtaschen, mit Sardellenfilets gefüllt, im Rohr gebacken

Allumettes de gruyère Längliche Käsestücke, gepfeffert, in Mehl, Ei und Semmelbrösel gewendet und in heißem Fett gebacken

● **Alouette au foie gras sur toast** Lerche, mit Gänseleber gefüllt, auf Toast

Assiette de fruits de mer Platte mit Austern, verschiedenen Muscheln und anderen Meeresfrüchten

Assortiment de charcuterie Kalte Platte mit verschiedenen Wurst- und Schinkensorten

Ballotine de canard pistachée   Entenroulade, mit Gelee überzogen

Beuchelle   Ragout aus Kalbsbries, Kalbsnieren, Trüffeln, Morcheln, Sahne, Cognac-Butter und Cognac

Bouchées à la Montglas   Kleine Blätterteigpasteten, gefüllt mit Zungenstückchen, Gänseleber, Champignons, Trüffeln und Madeirasoße

Bouchées à la reine   Königinpastetchen, gefüllt mit Kalbfleisch und Gemüse, in Sahnesoße

Brioches de foie gras   Kleine, mit Gänseleber gefüllte Hefeteigpasteten

Cagouilles – Lumas – Petits gris   Kleine graue Schnekken, die wie Weinbergschnecken zubereitet werden

Cargolade   Kleine graue Schnecken, mit Paprikaschoten gegrillt

Carottes râpées   Geraspelte rohe Karotten, mit Öl, Salz, Pfeffer und Zitronensaft angemacht

Caviar blinis   Russischer Kaviar mit ›blinis‹, dünnen, reschen Hefeteigfladen

Caviar de Gironde   Kaviar vom Stör aus der Gironde, dem ›esturgeon‹, der von den Einheimischen ›créa‹ genannt wird

Caviar Volga – Caviar frais – Caviar noir de Russie – Caviar d'Iran   Russischer Kaviar

Céleri-rave rémoulade   Geraspelte Sellerieknollen, angemacht mit Mayonnaise, die mit Senf, Pfeffer und etwas Essig vermengt wurde

Cervelas truffé en brioche   Schweinswurst, mit Trüffeln, Madeira und Pistazien gewürzt, in einer Hefeteighülle gebacken

Charcuteries assorties   Verschiedene Wurst- und Schinkensorten

Claires spéciales grosses   Besonders große Austern

Clovisses   Muscheln, die meistens roh mit Zitrone serviert werden

Cochonnaille   Verschiedene Würste und Pasteten vom Schwein

Coquilles de poisson   Muschelschalen, kleine Törtchen oder gebackene Weißbrotscheiben, mit einer Mischung aus Fischfleisch, Olivenöl, Knoblauch und Cayennepfeffer belegt

Confit d'oie   In Gänseschmalz eingelegte Gänsefleischstücke

Craquelots   Kleine geräucherte Heringe

Crêpes de fruits de mer   Dünne Pfannkuchen, mit Muscheln, Austern usw. gebacken

Crevettes bouquet de Bretagne   Sehr feine Garnelen aus der Bretagne

Crevettes frites   Garnelen, in Backteig gewendet und in Fett schwimmend gebacken, oft mit Tomatensoße serviert

Croustade aux langoustes   Warme Mürbteigpastete, gefüllt mit Langustenschwänzen, Champignons und manchmal Trüffeln in einer Bechamel-Sahne-Soße

Croustade de truffes au foie gras   Mürbeteigpastete, gefüllt mit getrüffelter Gänseleber

Croûte aux champignons Eine in Butter geröstete Weißbrotscheibe mit Champignons in einer Sahne-Eigelb-Soße

Croûte à la moelle – Toast moelle Geröstete Weißbrotscheibe, belegt mit Knochenmark, das in Rotwein mit gehackten Schalotten und Petersilie gedünstet wurde

Crudités Verschiedene geraspelte rohe Gemüsesorten

Escalopes d'esturgeon à la russe Scheiben von gekochtem Stör mit Kaviar und einer Mischung aus Eigelb, feingehackter Petersilie und Estragon

Escargots à la bourgignonne Schnecken auf Burgunder Art mit Schneckenbutter: Butter, gehackte Schalotten, Petersilie, Knoblauch, Pfeffer und Anchovisfilets

Escargots de Bourgogne Schnecken aus der Bourgogne, mit Champignons zubereitet

Feuilleté au fromage Blätterteigpastete, mit Käsecreme gefüllt

Feuilleté de ris de veau Blätterteigpastete, mit Kalbsbries gefüllt

Filets d'anchois Sardellenfilets

Filets de harengs, pommes à l'huile Heringsfilets mit Kartoffelsalat

Fines de Belon Austern

Foie de canard Entenleber

Foie gras du Périgord en gelée au xérès Gänseleber aus dem Périgord mit Sherry und Trüffeln in Gelee

Foie gras frais truffé Frische Gänseleber mit Trüffeln

Fondue savoyarde Erkaltete Käsecreme aus Parmesan, Schweizer Käse, Bechamelsoße, Eigelb und Pfeffer, wovon kleine Stückchen paniert und in heißem Öl schwimmend gebacken werden

Fromage de couennes Pastete mit Schweineschwarten

Galantine de caneton Entenpastete, in Speck oder Entenhaut gewickelt und im Wasserbad gekocht

Gougère bourguignonne Kleine Hefeteigtörtchen, mit Käsecreme gefüllt und gebacken

Goujons en cassamèche Gründlinge in Mehl gewendet, in Fett schwimmend gebacken, in eine Soße aus Zwiebeln, Knoblauch, Pfeffer, Thymian, Lorbeerblatt, Petersilie und etwas Salz eingelegt und vor dem Servieren mit ein wenig Olivenöl beträufelt

Grattons Scheibchen von gebratenem Schweinebauch, die man zu Brot und kleinen Gürkchen ißt

Gravettes Einheimische Bezeichnung für Austern in der Gegend um Bordeaux

Hors d'œuvre varié – Farandole de hors d'œuvre Verschiedene Vorspeisen, z.B. Salate, Fisch, Wurst, Eier, Oliven usw.

Huîtres d'Arcachon Austern aus dem Becken von Arcachon

Huîtres fines de Belon Belon-Austern aus der Bretagne

Hure de jambon d'Auvergne, cornichons Schinkensülze mit kleinen eingelegten Gürkchen

Hure de porc – Fromage de tête de porc – Tête de porc – Pâté de tête Schweinskopfsülze

Jambon cru – Jambon de Bayonne – Jambon du Morvan – Jambon d'Auvergne Roher Schinken

Jambon des grisons Bündnerfleisch

Jambon de montagne Gebirgsschinken

Jambon de Morvan Roher Schinken aus Burgund

Jambon de Paris – Jambon cuit – Jambon d'York Gekochter Schinken

Jambon du Poitou Schinken aus dem Poitou, einem fruchtbaren Weideland

Jambon fumé d'Aravis Geräucherter Schinken aus Aravis in den Savoyer Alpen

Jambon persillé Schinkensülze mit viel Petersilie

Jambon sous cendre Schinken, in Asche gebacken und mit einer Soße serviert

Lavignons Pfeffermuscheln, die oft roh mit Zitronensaft gegessen werden

Maquereau à l'escabéche maison Nach Art des Hauses eingelegte Makrele

Marennes extra Austern aus Marennes

Mousse de brochet aux queues d'écrevisses Warme, lockere Hechtcreme mit Krebsschwänzen

Mousse de foies de volailles Schaumige, leichte Geflügellebercreme

• **Mousse de grive** Leichte Creme von Krammetsvögeln

Mousseline de foies de volaille Mit Geflügellebercreme gefülltes Pastetchen

Naissains   Kleine Austern

Œufs de cailles en gelée   Wachteleier in Gelee

Oursins   Seeigel, von denen man die fünf Geschlechts-
drüsen, die am Schalenrand angewachsen sind, roh oder in
Salzwasser gekocht und mit Zitronensaft beträufelt ißt; sie
sind rot und sehr schmackhaft; Seeigel werden in Frankreich manchmal auch ›châtaignes de mer‹ oder ›hérissons
marins‹ genannt

Pa y all   Brot, mit Knoblauch und Öl eingerieben

Pan Bagnat   Weißbrot mit Zwiebeln, Tomaten, schwarzen Oliven und Anchovis, in Öl und Essig mariniert

Pains d' écrevisses, sauce cardinal   Fischkuchen, hergestellt aus Hechtfleisch, Eiern, Milch, Mehl, Butter, Pfeffer,
Salz, Cayennepfeffer, gehackten Trüffeln, mit Krebsschwänzen und Champignons garniert und warm mit einer scharf
gewürzten Sahne-Trüffelsoße serviert

Parfait de foie gras frais   Frische Gänseleber, kalt
serviert

Pâté de brochet   Hechtpastete

Pâté de caille   Wachtelpastete

Pâté de campagne aux foies de volailles   Geflügelleber-
pastete vom Lande

Pâté de foie gras en croûte   Gänseleberpastete in einer
Teigkruste

Pâté chaud au ris de veau   Warme Pastete mit Kalbsbries

Piperade basquaise   Gemüse aus Tomaten, Paprikaschoten, Zwiebeln, Knoblauch, Petersilie, mit Eiern und
gebratenen Scheiben von Bayonner Schinken vermischt

Pissaladiera Zwiebeltorte aus Nizza mit ›pissala‹, einem Anchovispüree, und schwarzen Oliven

Poutarge Getrockneter Rogen von Meeräschen

Pot de filets de harengs Eingelegte Heringsfilets

Potje flesh Flämische Kalbs-, Kaninchen- oder Hühnerpastete, in Speck gewickelt

Praires Venusmuscheln, die roh wie Austern gegessen werden

Quiche lorraine Mürbeteigtorte, mit geräuchertem Speck und einer Ei-Sahnecreme gebacken

Quiche tourangelle Mürbeteigtorte, mit Schweinefleisch, Schweinefleischpastete, Eiern, Sahne und Petersilie gebacken

Ramequins au fromage Mürbeteigtörtchen, mit Käse-Eicreme gefüllt

Ravioles Gefüllte Teigtaschen, in Bouillon gekocht und mit Parmesan bestreut, manchmal mit Tomatensoße serviert

Rillettes Schweinefleischpastete, mit viel Schweinefett konserviert

Rillettes d'oies, pain de campagne grillé Gänsefleischstückchen, in Gänsefett mit etwas Paprika und Salz eingekocht, dazu geröstetes Landbrot

Rissoles Blätterteigtaschen, mit Fisch- oder Fleischfülle in Fett schwimmend gebacken

Rosette du Beaujolais Luftgetrocknete oder geräucherte Wurst

28

Salade de bœuf parisienne – Salade de bœuf bouilli
Gekochtes Rindfleisch aufgeschnitten, mit Salatsoße,
Scheiben von gekochten Eiern, Kartoffeln, Zwiebel und je
nach Jahreszeit grünen Erbsen, Tomaten, gekochten
Karotten und Petersilie

Salade de museau   Ochsenmaulsalat

Saldiers lyonnais   Scheiben von kaltem Braten

Sardine à l'huile, beurre   Ölsardinen und Butter

Saucisse sèche d'Auvergne   Luftgetrocknete Wurst aus
der Auvergne

Saucisson chaud, pommes à l'huile   Warme Wurst mit
Kartoffelsalat

Saucisson en feuilletage   Schweinefleischwurst, in Blätterteig gebacken

**Saucisson petit Jésus de Lyon – Saucisson rosette de
Lyon**   Schmackhafte Wurst aus Lyon

Saumon fumé, toast, beurre   Räucherlachs mit Toast und
Butter

Tartelettes à la moelle périgourdine   Blätterteigtörtchen
mit Knochenmarkfüllung und einer Trüffel-Madeirasoße

● **Terrine de grives**   Krammetsvögelpastete

Terrine de volaille, gelée au xérès   Geflügelpastete in
Gelee, mit Sherry gewürzt

Thon à l'huile   Thunfisch, in Öl eingelegt

Timbale financière   Warme Pastete, gefüllt mit Ragout
aus Innereien vom Hammel, mit Madeira-Trüffelsoße

29

Tourte de bleá Torte, garniert mit Rüben, Pinienkernen und Corinthen

Tourte lyonnaise Blätterteigtorte, mit Kartoffeln, gehackten Zwiebeln, Schweinewurst, geriebenem Käse, Butter, Salz und Pfeffer gefüllt

Toutes les huîtres et coquillages Es gibt alle Muschel- und Austernsorten

Truffes en pâte Trüffeln, in Teig gebacken

Violets Muscheln, die wegen ihres Jodgehalts etwas bitter schmecken und roh mit Zitronensaft gegessen werden

Vol-au-vent Blätterteigpastete, mit Geflügel-, Fisch- oder Fleischragout gefüllt

Pains – Brotsorten

Baguette Langes, knuspriges Brot

Brioche Weiches, leicht süßes Brötchen

Couronne tressée Rundes, leicht gesüßtes Zopfbrot

Ficelle Sehr dünnes, langes Brot

Natte au cumin Kleines Brot mit Kümmel

Natte aux pavots Kleines Brot mit Mohn

Pain bis – pain de son Braunes Brot

Pain bis de campagne Braunes Landbrot

Pain cuit au bois Holzofenbrot

Pain au levain Sauerteigbrot

Pain de seigle Roggenbrot

Petit pain Kleines knuspriges Brötchen

Potages et Soupes – Suppen

Suppen waren lange Zeit das Hauptnahrungsmittel der einfachen Leute in Frankreich. Der Suppentopf stand immer am Feuer. Heute ißt der Franzose Suppen fast nur mehr am Abend; sie sind stets mit viel Liebe zubereitet und schmecken entsprechend gut. Im Sommer ist eine kalte Brühe, ›consommé froid‹, oder eine kalte Kartoffel-Lauchsuppe, ›vichyssoise‹, besonders angenehm.

Aigo bouillido Sechs Knoblauchzehen werden in Salzwasser etwa 6 Minuten gekocht, dann nimmt man den Topf vom Feuer und gibt in die Brühe einen Zweig Salbei, ein kleines Lorbeerblatt, etwas Thymian, läßt die Kräuter einige Minuten ziehen, nimmt sie wieder heraus, mengt ein geschlagenes Ei unter die Suppe und gießt sie über Brotscheiben, die mit Olivenöl getränkt wurden

Bisque de homard Gebundene Hummersuppe mit Butter, Karotten, Zwiebel, Sellerie, Weißwein, Cognac, Geflügelbrühe, Sahne, Salz, Pfeffer, Thymian, Lorbeerblatt, Cayennepfeffer und Petersilie

Bodroie à l'aigo saou – Soupe l'aigo saou Suppe aus der Provence mit Seeteufel, Kartoffelscheiben, Zwiebel, Knoblauch, Tomaten, Petersilie, Fenchel, Lorbeerblatt, Sellerie, Orangenschale, Salz, Pfeffer und gebackenen Weißbrotscheiben

Bouillon à l'œuf Bouillon mit Ei

Bourride bordelaise – Soupe à la bordelaise Fischsuppe, mit Weißwein, Safran, Thymian, Petersilie, Lorbeerblatt, Zwiebel, Schalotten, Knoblauch, Salz, Pfeffer und
Zitronensaft gewürzt, mit Eigelb gebunden, über in Olivenöl gebratene Weißbrotscheiben gegossen

Bourride à la rouille Fischsuppe aus der Provence von
verschiedenen Fischen, gewürzt mit Knoblauch, Thymian,
Safran, Lorbeerblatt, Bohnenkraut, Fenchel, Salbei, Basilikum und Salz

Brejauda du Limousin Diese Suppe hat ihren Namen
von ›brejou‹, der Speckschwarte, die darin gekocht wird;
man ißt sie mit Scheiben von Roggenbrot

Consommé Fleischbrühe

Consommé froid Aus Hühner- oder Rindfleisch und
Suppengemüse wird eine gut gewürzte Suppe bereitet, ent-
fettet und eisgekühlt serviert

Consommé julienne Fleischbrühe mit Gemüseeinlage

Consommé de poisson Fischbrühe

Consommé de volaille Hühnerbrühe

Crème Dubarry – Potage au chou-fleur Blumenkohl-
suppe, mit Ei, Butter und Mehl gebunden

Elzekaria Gemüsesuppe mit Weißkraut, weißen Bohnen,
Zwiebeln, Knoblauch, Salz, Pfeffer und einem Schuß Essig
oder etwas Thymian

Garbure – Soupe béarnaise Diese nahrhafte Suppe enthält immer Kohl (je nach Jahreszeit weiß oder grün) und
weiße Bohnen; dazu kommen Kartoffeln, Zwiebeln, Knoblauch, Petersilie, verschiedene Suppengemüse, eingelegtes

Fleisch (Confit) von Schwein, Gans oder Ente, als Gewürz eine Paprikaschote, Thymian und ein Lorbeerblatt; die fertige Suppe wird über Brotscheiben gegossen und das Fleisch mit in Essig eingelegten Paprikaschoten serviert; Einheimische gießen zum letzten Suppenrest im Teller einen Schuß Wein

Hochepot Suppe mit Fleisch von Rind, Schaf und Schwein, Speck und verschiedenen Gemüsen

Mourtairol – Potage au safran Aus einer mit Safran gewürzten Hühnerbrühe bereitet; man gibt in eine Terrine Weißbrotscheiben, tränkt sie mit Brühe und läßt alles im Rohr etwa eine halbe Stunde dünsten, indem man immer wieder von der Brühe nachgießt

Petite marmite Suppe mit Gemüse, Fleisch- und Hühnerstückchen, gebackenen Brotwürfeln und geriebenem Käse

Pistou – Soupe au pistou Eine Gemüsesuppe, in die eine ›pommade‹ gerührt wird, eine im Mörser hergestellte Paste aus Speck, Olivenöl, Knoblauch, Parmesankäse und Basilikum

Pot-au-feu Der Suppentopf bleibt fünf Stunden am Feuer; ein großes, saftiges Stück Ochsenfleisch wird mit Karotten, weißen Rüben, Lauch, Sellerie, einer vorher im Fett gebräunten Zwiebel, Petersilie, Thymian, Knoblauch, Nelke und Lorbeerblatt gekocht und mit Salz und Pfeffer gewürzt

Potage aurore Kürbissuppe mit Tomaten, Kartoffeln, Butter, Tapioka, Eigelb und Sahne

Potage Bilibi – Billy Bi Muschelsuppe mit Weißwein, Sahne, Sellerie, Zwiebel, Salz, Pfeffer, Fischbouillon (aus Fischköpfen mit Petersilie, Lorbeerblatt und Thymian gekocht) und Miesmuscheln; diese Suppe wird entweder sehr heiß oder sehr kalt gegessen

Potage aux champignons Champignonsuppe mit Fleischbrühe, Salz, Pfeffer, Butter, Mehl, Milch, Sahne und Eigelb

Potage Crécy Karottensuppe mit Kartoffeln, Zwiebeln und in Butter gebratenen Weißbrotwürfeln

Potage crème de céleri – Potage au céleri Selleriecremesuppe mit geraspelten Sellerieknollen, Eigelb, Sahne und in Butter gebackenen Weißbrottrüffeln

Potage crème de concombre – Potage au concombre Gurkensuppe mit passierten Kartoffeln, Gurken, Salz, Pfeffer, Butter, Mehl und Sahne

Potage Germiny Suppe mit Sauerampfer, Bouillon, Sahne, Eigelb, weißem Pfeffer und Cayennepfeffer, die eisgekühlt serviert wird

Potage à l'oseille Suppe mit Sauerampfer, Kartoffeln, Butter, Eigelb, Salz und Pfeffer

Potage ox-tail clair Klare Ochsenschwanzsuppe mit Madeira oder Sherry

Potage au potiron Kürbissuppe mit Milch, Salz, Pfeffer und in Butter gebratenen Weißbrotwürfeln

Potage queue de bœuf Ochsenschwanzsuppe mit Gemüsen, Butter, Salz, Pfeffer und Sherry

Potée auvergnate – Soupe aux choux auvergnate Suppe mit Kohl und anderen Gemüsen, Pökelfleisch, Würstchen, manchmal auch Hammelrippchen, gewürzt mit gehackten Zwiebeln, Knoblauch, Lorbeerblatt, Thymian, Salz und Pfeffer; die Suppe wird über Brotscheiben gegossen und das Fleisch mit eingelegten Gürkchen gegessen

Soupe aux clams Suppe mit Muscheln, Speckwürfeln Lauch, Zwiebel, Sellerie, Paprikaschote, Tomaten, Kartoffeln, Thymian, Salz und Pfeffer

Soupe au cresson Suppe mit Milch, Kerbel, Kresse, Butter, Eigelb und gerösteten Brotscheiben

Soupe à l'oignon (gratinée) – Soupe gratinée au fromage
Zwiebelsuppe mit gebackenen Weißbrotscheiben, mit Käse überbacken

Ttoro Baskische Fischsuppe mit Stockfisch, Knoblauch, Öl, Essig, Pfeffer und Semmelbröseln

Velouté d'asperges Spargelsuppe, mit Eigelb, Sahne und Butter gebunden

Vichyssoise Durchpassierte, eisgekühlte Kartoffel-Lauchsuppe, gesalzen, gepfeffert, mit Sahne verrührt und mit Schnittlauch bestreut serviert

Zéphire de homard au coulis Hummersuppe

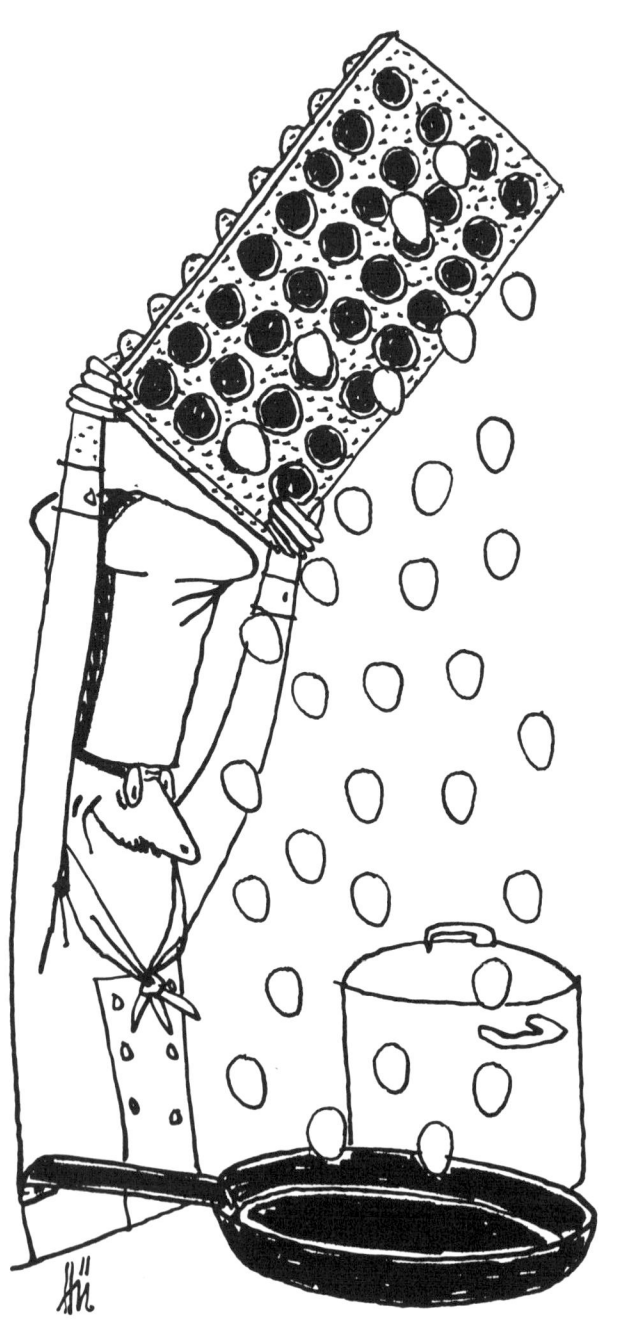

Œufs – Eiergerichte

Wer in Frankreich für verhältnismäßig wenig Geld ordentlich essen will, sollte Eiergerichte bestellen. Jede Provinz hat besondere Ei-Spezialitäten. So wird im Elsaß das in Gänseschmalz mit Schinken gebratene Spiegelei zu Sauerkraut serviert, in der Normandie werden Eiergerichte oft mit Sahne, Austern oder Muscheln zubereitet, in der Provence mit Knoblauch, Tomaten, Käse und vielen Kräutern, und die Basken essen Eier gerne mit gebackenen Paprikaschoten und Schinken.

Œuf à la coque   Weiches Ei (Dreiminutenei)

Œuf mollet   Weiches Ei (Fünfminutenei)

Œuf dur   Hartes Ei

Œufs brouillés   Rühreier

Œufs brouillés à la d'Aumale   Rühreier nach Art des Grafen d'Aumale, mit Tomatenmark vermischt, dazu Kalbsnierenscheiben in Madeirasoße, mit Petersilie bestreut

Œufs brouillés aux truffes   Rühreier mit in Butter angedünsteten Trüffelscheibchen und Sahne; das Gefäß, in dem die Eier geschlagen werden, reibt man vorher mit einer halbierten Knoblauchzehe aus, um das Aroma der Trüffeln zu heben

Œufs en cassolettes – Œufs en cocottes – Œufs en caissettes Eier, die in kleinen Töpfchen aus Porzellan, Metall oder Steingut im Wasserbad gekocht wurden und entweder natur oder mit verschiedenen Zutaten, z.B. geriebenem Käse, Kräutern usw. serviert werden

Œufs cocotte à la crème Jedes Ei wird einzeln in ein dafür bestimmtes Porzellangefäß, in das vorher ein Löffel heiße Sahne gegeben wurde, geschlagen, im Wasserbad zugedeckt, gegart und mit Salz und Pfeffer serviert

Œufs cocotte au jus Wie ›œufs cocotte à la crème‹; anstelle von Sahne wird Kalbsbratensaft verwendet

Œufs durs à la tripe Viertel von hartgekochten Eiern, überzogen mit einer Bechamelsoße, die mit Zwiebelmus vermischt wurde

Œufs en meurette Verlorene Eier auf mit Knoblauch eingeriebenen, in Butter gebackenen Weißbrotscheiben, mit einer Weinsoße, Champignons, kleinen Zwiebeln und gebratenem Speck

Œufs frits à la romaine In Fett schwimmend gebackene Eier auf einem Bett von Spinat

Œufs frits tomate In Fett schwimmend gebackene Eier auf einem Bett von gedünsteten Tomatenscheiben, mit Knoblauch und Kräutern gewürzt

Œufs Mornay Verlorene Eier, mit einer Käse-Sahne-Soße überbacken

Œufs au plat Spiegeleier

Œufs au plat Bercy Spiegeleier mit in Butter gebratenen Zwiebelringen und Tomatensoße

Œufs sur le plat à la lorraine Spiegeleier mit Speckscheiben und Gruyère-Käse

Œufs au plat Louis Oliver – Œufs au foie gras Louis Oliver
Spiegeleier auf einer Scheibe Gänseleber mit Trüffel- oder
Geflügelsahnesoße

Œufs pochés à la béchamel Verlorene Eier in Sahnesoße, mit Salz, Pfeffer und Muskatnuß gewürzt, mit geriebenem Käse bestreut, im Rohr überbacken

Œufs pochés à la bourguignonne Verlorene Eier, in Rotwein mit Pfeffer, Salz, Petersilie, Thymian, Lorbeerblatt und
Knoblauch gekocht, auf gebackenen Weißbrotscheiben mit
einer Soße aus dem Sud und geschlagener Butter serviert

Œufs pochés à la Sévigné Verlorene Eier auf in Butter
gebackenen Weißbrotscheiben oder Blätterteigböden, mit
einer Geflügelcreme übergossen und mit Champignons und
Trüffelscheibchen garniert

**Œufs pochés sur fonds d'artichauts – Œufs pochés à la
Monselet** Verlorene Eier auf Artischockenböden mit
einer Sahnesoße

Œufs pochés des vignerons Verlorene Eier auf Toast,
mit Rotweinsoße überzogen und mit Schnecken und Schinkenscheiben garniert

Omelette aux fines herbes Omelette mit frischen gehackten Kräutern

Omelette aux fruits de mer Kräuteromelette mit einem
Ragout aus Muscheln und anderen Schalentieren

Omelette au houblon Omelette mit Hopfensprossen in
Sahnesoße

Omelette au jambon d'Auvergne Omelette mit rohem
Schinken aus der Auvergne

Omelette Mère Poulard Eigelb und Eiweiß werden getrennt geschlagen; wenn das Eigelb in der Pfanne gestockt

ist, wird es gesalzen, gepfeffert und mit Sahne und Eiweiß übergossen; dann wird alles verrührt

Omelette aux morilles Omelette mit Morcheln, gewürzt mit Knoblauch und gehackter Petersilie

Omelette nature Eier geschlagen, gesalzen, gepfeffert, in einer Omelettpfanne mit Butter gebacken

Omelette aux pommes de terre Omelette mit Kartoffelscheiben, gehackter Petersilie und Knoblauch

Omelette provençale Omelette mit Tomatenscheiben, gehackten Zwiebeln, Knoblauch, Basilikum, Estragon, Petersilie und Pfeffer

Omelette à la royale Omelette mit Nierenragout, Champignons, Trüffeln und einer Sahne-Portweinsoße

Omelette à la Talleyrand Omelette mit Zwiebeln, Kalbsbries und Sahnesoße

Omelette aux truffes Unter die Omelettemasse werden ein Schuß Madeira und Trüffelscheibchen gemengt

Piperade Baskisches Eiergericht mit Tomaten, Paprikaschoten und Schinken

Tripade Rührreier mit Spargel

Poissons et Crustacés –
Fische und Schalentiere

Klare Bergseen, Flüsse, Atlantischer Ozean und Mittelmeer
schenken der französischen Küche einen fast unerschöpf-
lichen Reichtum an Fischen, Muscheln und Krustentieren.
Sogar ihren eigenen Kaviar haben die Franzosen, den
›caviar de la Gironde‹ vom Stör aus der Gironde, ganz
wenig allerdings und sehr teuer. Auf den Speisekarten in
Paris und in den Küstenorten sind Austern alltäglich; sie
schmecken am besten in den Wintermonaten. Die Sorten
›marennes‹ und ›belons‹ werden von Kennern bevorzugt;
die portugiesischen Austernsorten ›spéciales‹ und ›fines
claires‹ sind nicht so beliebt. Austern mit der Bezeichnung
›00‹ sind am größten und teuersten, danach folgen ›extra‹
oder ›0‹, ›super‹ oder ›1‹, ›extra fine‹ oder ›2‹; ›fine‹ oder ›3‹
sind am kleinsten und billigsten.

Aïoli– Aïolli Unter diesem Namen findet man Fisch-,
Fleisch- und Gemüsegerichte aus der Provence; alle werden
mit der Knoblauchsoße ›aïoli‹ serviert; besonders interes-
sant schmeckt folgende Zubereitung:
Stockfischgericht auf einer Platte, mit verschiedenen gekochten Gemüsen (Kartoffeln, grünen Bohnen, Karotten,
Blumenkohl, Rübchen), Vierteln von hartgekochten Eiern
und Schnecken garniert und mit einer ›sauce aïoli‹, die aus
zerdrückten Kartoffeln, Knoblauch, Eigelb, Olivenöl,
Salz und Zitronensaft zubereitet wurde, serviert

Alose à la portugaise Maifisch auf einem Bett von Tomatenscheiben, mit gehackten Zwiebeln, Champignons,
Weißwein, Salz, Pfeffer und Butter gedünstet

Anguille rôtie   Aal, mit Speck umwickelt, am Spieß gebraten, mit einer Gewürzsoße

Anguille au vert   Aal flämisch in Butterweinsoße mit Kräutern

Bar farci à l'angevine – Bar à l'oseille   Gefüllter Seebarsch nach Art des Anjou, mit gehacktem Sauerampfer gefüllt und auf einem Bett von jungem Sauerampfer serviert

Barbeau farci   Flußbarbe, mit gehacktem Ei und Champignons gefüllt und mit gehackten Zwiebeln und Weißwein gedünstet

Barbue Dugléré   Glattbutt nach Art des Herrn Dugléré; der Fisch wird, nachdem er auf einem Bett von Zwiebeln, Tomaten, Petersilie und verschiedenen Kräutern gedünstet wurde, mit einer Weißweinsoße übergossen

Bouillabaisse   Die klassische Bouillabaisse soll unbedingt drei Sorten Fische enthalten: Rascasse rouge (Drachenkopf), Grondin (Knurrhahn) und Congre (Meeraal); dazu kommen meistens noch andere Fische und Schalentiere; sie wird zubereitet mit Salz, Pfeffer, Tomate, Safran, Knoblauch, Thymian, Lorbeerblatt, Fenchel, Orangenschale, Salbei, Weißwein, etwas Cognac, Olivenöl und, damit die Brühe sämig wird, einigen Scheiben Weißbrot; wichtig ist, daß Olivenöl, Safran und Fische von allerbester Qualität sind

Brandade nimoise   Gericht aus Stockfisch mit Milch, Knoblauch und Trüffeln

Brème à la batelière   Streifenbrasse nach Art der Kanalschiffer, mit einer Soße aus Zwiebeln, Schalotten, Rotwein, Cognac, Butter, Mehl, Salz, Pfeffer, Champignons und Petersilie, garniert mit in Milch und Semmelbröseln gewendeten, in Öl gebratenen, kleinen Gründlingen oder Rotaugen

Brochet de la Loire au beurre blanc Gekochter Hecht mit ›beurre blanc‹

Brochet de la Marne à la crème Hecht aus der Marne, mit Butter und Petersilie gefüllt, gesalzen, gepfeffert, in Butter gebraten und mit Sahne übergossen

Brochettes de fruits de mer Spießchen mit Austern, verschiedenen Muscheln, Fischstückchen, Garnelen usw.

Cabillaud à la hollandaise Gekochter Kabeljau mit ›sauce hollandaise‹

Calmar à la marseillaise Tintenfisch, mit einer Mischung aus Petersilie, Weißbrot, Knoblauch, Zwiebel, Tomaten und Eigelb gefüllt, mit Semmelbröseln bestreut und mit Öl begossen im Rohr gebacken; Calmar wird in Frankreich auch Chiprone, Chipiron, Encornet, Seiche, Sépia oder Sépiole genannt

Carpe farcie Gefüllter Karpfen

Carpe en meurette Karpfen, mit Rotwein, Karotten, Knoblauch, Zwiebel, Petersilie, Thymian, Lorbeerblatt und Butter zubereitet, mit Marc de Bourgogne flambiert und zu Weißbrot, mit Knoblauch eingerieben und in Butter gebraten, serviert

Carrelet au vin blanc Scholle, auch ›plie‹ genannt, mit Butter, gehackten Zwiebeln und Weißwein gedünstet; die Soße wird mit Mehl und Eigelb gebunden

Catigan d'anguilles Aalbrut, mit Zwiebeln, Tomaten, Öl und Knoblauch zubereitet

Chaudrée Fischgericht aus Seezunge, Meeraal, Scholle und Weißling, mit Weißwein, Knoblauch, Butter, Zwiebel, Petersilie, Lorbeerblatt, Thymian, Nelke, Salz und Pfeffer zubereitet

Chausson de crabe Warme, runde Blätterteigpastete mit einer Krabbenfüllung

Colin à l'italienne Seehecht nach italienischer Art, mit Öl, Zwiebeln, Salz, Pfeffer, Tomaten und Weißwein gedünstet

Congre à l'italienne Meeraal, in einem Sud aus Weißwein, Knoblauch, Schalotten, Nelken, Pfefferkörnern, Estragon, Lorbeerblatt, Thymian und Salz gekocht, serviert mit einer Bechamelsoße, die mit Fischsud aufgegossen wurde, und mit geriebenem Parmesan

Coquilles Saint Jacques au gratin Jakobsmuscheln, in ihrer Schale mit einer Soße aus Mehl, Weißwein, Schalotten, Petersilie, Butter, Champignons, Eigelb und etwas Bouillon vermischt, mit Semmelbröseln und Butterflocken bestreut, im Rohr überbacken

Coquilles Saint Jacques à la parisienne Ähnlich wie ›coquilles Saint Jacques au gratin‹ zubereitet; für die Soße nimmt man statt Mehl das Weiße von Stangenbrot

Coquilles Saint Jacques à la provençale Jakobsmuscheln, in Butter und Öl gebraten, gesalzen, gepfeffert, mit gehacktem Knoblauch und Petersilie bestreut, in die Schalen zurückgelegt, mit Zitronensaft beträufelt, mit zerlassener Butter begossen, sehr heiß serviert

Cotriade Sie wird auch die Bouillabaisse der Bretagne genannt und aus Makrelen, Weißling, Goldbrasse, Knurrhahn und Meeraal mit Kartoffelscheiben, Zwiebel, Knoblauch, Petersilie, Thymian, Lorbeerblatt, Salz, Pfeffer und Schweinefett zubereitet

Court bouillon de colin à la créole – Court bouillon de colin au riz Seehecht, in einem Sud mit Salz, Pfeffer, Lorbeerblatt, Thymian, Petersilie und Tomaten gekocht; die Fischbrühe wird mit Curry gewürzt und mit Reis zum Fisch serviert

Crêpes de langoustines à l'américaine Schwänze von Schlankhummern, in dünne Pfannkuchen gewickelt, mit einer Sahne-Cognac-Soße

Croustade de barbue Glattbuttpastete im Rohr gebacken

Délice de sole en chaud-froid Seezunge, heiß zubereitet, kalt serviert, mit einer Soße und manchmal mit Gelee überzogen

Demoiselles de Cherbourg Kleine Hummer

Dorade (Daurade) au four Goldbrasse, im Rohr mit Butter, gehackten Zwiebeln, Salz, Pfeffer, Petersilie und Semmelbröseln gebraten, mit Weißwein begossen, mit Muscheln und Austern garniert

Écrevisses à la bordelaise Die Krebse kommen in einen Topf mit heißer Butter auf starkem Feuer; wenn sie schön rot sind, werden sie mit Cognac flambiert und mit Weißwein aufgegossen; dazu werden gegeben: ein Löffel Tomatenmark, etwas Salz und Cayennepfeffer und eine vorbereitete Mischung aus Butter, Karotten, Zwiebeln, Petersilie, ganz wenig Knoblauch, Thymian und Lorbeerblatt; darin werden die Krebse zugedeckt etwa 10 Minuten gekocht und dann auf einer heißen Platte angerichtet; die Soße wird durch Kochen reduziert, mit Fleischextrakt und Butter vervollständigt und mit frischer Petersilie über die Krebse gegossen

Écrevisses à la crème Karotten, Zwiebeln, Schalotten, alles fein geschnitten, werden in Butter angedünstet; dazu kommen die Krebse mit etwas Salz, Pfeffer und Cayennepfeffer; wenn sie schön rot sind, werden sie mit Cognac flambiert; dann gießt man mit Weißwein auf, gibt ein Lorbeerblatt, Petersilie und etwas Thymian dazu, läßt die Krebse noch 10 Minuten kochen, legt sie auf eine Schüssel, vervollständigt die Soße mit Sahne und passiert sie durch ein Sieb darüber

Écrevisses à la nage   Die Krebse werden in einem Sud aus Wasser und Weißwein mit Karotten, Zwiebeln, Sellerie, Lorbeerblatt, Nelke, Coriander, Bohnenkraut, Pfeffer, Knoblauch, Fenchel, einer kleinen scharfen Paprikaschote und Salz gekocht; die Kochbrühe wird zu den Krebsen in Tassen serviert

Écrevisses à la Nantua   Krebsschwänze in einer Soße aus Mehl, Butter, Sahne, Cognac, Cayennepfeffer, weißem Pfeffer, Salz, Krebsbutter, Krebsfleisch und dem durchpassierten Sudgemüse (Karotten, Zwiebel, Sellerie)

Éperlans frit   Seestinte, eine Heringsart, in Öl gebacken, mit Petersilie und Zitronenscheiben garniert

Escargots à la sucarelle   Schnecken in einer Soße aus Öl, Oliven, Tomaten, Knoblauch, Weißwein, Spinatblättern, Sauerampfer, Petersilie, Lorbeerblatt, Thymian, Salz, Pfeffer und Orangenschale

Estofinado   Gekochter Stockfisch wird mit gekochten Kartoffeln vermischt, auf eine mit Knoblauch eingeriebene feuerfeste Platte gegeben, mit Eischeiben und Petersilie belegt, gepfeffert, mit geschlagenen Eiern bedeckt, mit kochendem, frisch gepreßtem Nußöl übergossen und auf starkem Feuer kurz umgerührt

Esturgeon à la bordelaise   Stör, mit Tomaten, Zwiebeln, Schalotten, Öl, Butter, Weißwein, Champignons, Petersilie, Lorbeerblatt, Thymian, Salz und Pfeffer zubereitet

Féra farcie   Sandfelchen (Bodenrenke), gefüllt mit einer Mischung aus in Milch eingeweichtem Weißbrot, geriebener Zitronenschale, Kerbel, Petersilie, Schnittlauch, Sahne, Ei, Salz und Pfeffer, in feingehackten Kräutern, Schalotten und Semmelbröseln gewendet, in Butter gebraten und mit Fischsaft und Weißwein übergossen

Feuilleté de brochet   Warme Blätterteigpastete mit einer Hechtfülle

Filets de barbue à la dieppoise   Glattbuttfilets mit einer Weißwein-Buttersoße, mit Muscheln, Sandgarnelen und Champignons garniert

Filets de sole Garibaldi   Seezungenfilets in einer Butter-Ei-Sahnesoße, garniert mit Nudeln, Muscheln und Champignons

Filets de grondins au four   Knurrhahnfilets, in geschlagenem Ei und Semmelbröseln gewendet und im Rohr mit zerlassener Butter übergossen und gebacken

Filets de Saint Pierre dijonaise   Filets vom Petersfisch (auch ›dorée‹ genannt), mit Senfsoße

Fourré de moules, sauce Colbert   Gefüllte Muscheln mit ›sauce Colbert‹

Friture   Verschiedene kleine Fische werden in Milch und Mehl oder Bier und Mehl gebadet und in Fett schwimmend gebacken

Friture de goujons   Gründlinge, in Backteig gewendet und in Öl schwimmend gebacken

Gratin de queues d'écrevisses   Gekochte Krebsschwänze, mit einer köstlichen Rahmsoße im sehr heißen Rohr kurz überbacken, eines der feinsten Gerichte aus der Dauphiné; wer es auf der Speisekarte findet, sollte es sich nicht entgehen lassen

Gratin de queues d'écrevisses à la royale   Krebsschwänze, in Butter gebraten, mit Cognac flambiert, mit Sahne übergossen und mit geriebenem Käse im Rohr überbacken

Grenouilles des Dombes sautées fines herbes   Froschschenkel aus der Bourgogne, gesalzen, gepfeffert, in Mehl gewendet, in Butter gebraten, mit Knoblauch, Schalotten, Petersilie und Kerbel

Grenouilles sautées provençales – Cuisses de grenouilles à la provençale Froschschenkel, in Öl gebraten und heiß in einer Butter-Knoblauch-Petersilie-Mischung geschwenkt, gesalzen und gepfeffert

Harengs grillés à la moutarde Gegrillte Heringe mit einer Senfsoße aus Mehl, Butter, Milch, Eigelb, Sahne

Homard à l'armoricaine – Homard à l'américaine Eine Zubereitungsart aus der Bretagne für Hummer; die Bezeichnung ›à l'américaine‹ ist eine falsche Schreibweise; ein Hummer wird in Stücke geschnitten und in heißer Butter mit Öl gebraten, bis er rot wird, mit Cognac übergossen, flambiert und mit Tomaten, Knoblauch, kleingehackten Zwiebeln, Petersilie, Salz, Pfeffer, etwas Brühe, Weißwein und Cayennepfeffer fertiggedünstet; zum Schluß wird unter die Soße noch etwas Butter gerührt, und die Hummerstücke werden mit Petersilie bestreut

Homard bordelaise Hummer mit einer Soße aus Weißwein, Tomaten, Cognac, Butter, Zwiebel, Schalotten, Salz und Pfeffer

Homard au court bouillon beurre nantais Gekochter Hummer mit ›beurre blanc‹

Homard à la crème Wie ›homard à l'armoricaine‹ zubereitet; man gibt nur zum Schluß statt Butter dicke Sahne und etwas geriebenen Käse an die Soße

Homard grillé Der Hummer wird geteilt, mit Butter begossen, gesalzen und mit Cayennepfeffer gewürzt, bei schwachem Feuer gegrillt, auf einer Serviette mit Petersilie garniert und mit einer Soße serviert

Homard aux légumes Kleine Hummer werden in Wasser und Sherry mit Zwiebeln, Karotten, weißen Rüben, Sellerie, Pfefferkörnern, Thymian, Nelken und Petersilie gekocht und mit den Gemüsen serviert; dazu kommen noch grüne Bohnen und ›sauce hollandaise‹

Homard à la normande Hummer, in Stücke geschnitten, in einer Soße aus Öl, Butter, Schalotten, Knoblauch, Tomaten, Calvados, Apfelwein, Salz, Pfeffer, Safran und Eigelb

Homard thermidor Das Fleisch von einem gekochten Hummer wird in seiner halbierten Schale mit Senfsoße übergossen, mit Käse bestreut und kurz überbacken

Huîtres en brochette Austern, mit Speck umwickelt, auf Spießchen gegrillt und mit Cayennepfeffer gewürzt

Lamproie à la bordelaise Neunauge in einer Rotweinsoße mit Zwiebeln, Lauch, Knoblauch, Armagnac, Salz, Pfeffer, Mehl, Butter, Petersilie, Lorbeerblatt, Thymian und Sahne, manchmal noch mit Champignons, Schinken und Tomaten

Langouste grillée, beurre fondu Gegrillte Languste mit zerlassener Butter, eine einfache, aber besonders gute Zubereitungsart

Langouste à la parisienne Der Panzer einer gekochten Languste wird auf einer Weißbrotscheibe befestigt und das Fleisch der Languste auf Salatblättern hineingelegt; die Garnitur besteht aus Gemüsesalat, halbierten gekochten Eiern, Artischockenböden, Trüffeln, Würfeln von Fischgelée, dazu wird Mayonnaise gereicht

Lavaret de Savoie Lachsartiger Fisch aus den Alpenseen, z.B. aus dem Lac du Bourget in Savoyen, mit Pilzen, Weißwein und Tomaten gedünstet

Limande à la bretonne Kliesche oder Rotzunge, in Mehl gewendet, in Butter gebacken, garniert mit in Butter gedünsteten Zwiebeln, Krabben und Zitronenscheiben

Loup en croûte, sauce Choron Wolfsbarsch, in einer Teigkruste gebacken und mit ›sauce béarnaise‹, in die Tomatenmark gerührt wurde, serviert

Loup grillé au fenouil Wolfsbarsch (›loup‹ oder ›loup de mer‹ ist der lokale Name für ›bar‹ in der Provence), mit Öl bepinselt und mit Fenchel gegrillt

Loup en papillote Wolfsbarsch, mit Butter und Petersilie in eine Folie gewickelt und im Rohr gebacken

Lotte So nennen die Franzosen die Rutte oder Quappe, einen Süßwasserfisch, der meistens wie Aal zubereitet wird, und den Seeteufel, einen Froschfisch aus dem Mittelmeer oder dem Atlantik; sein Fleisch wird manchmal dazu verwendet, ein Hummergericht zu strecken

Lotte à l'américaine Bei dieser Zubereitungsart handelt es sich um den ›lotte de mer‹, den Seeteufel, auch ›gigot de mer‹ oder ›bodroie‹ genannt, in einer Soße mit Öl, Tomaten, Zwiebeln, Knoblauch, Salz, Pfeffer, Weißwein und Cognac

Lotte à la provençale Seeteufel in einer Tomaten-Weißweinsoße gedünstet, im Rohr mit Öl und Semmelbröseln überbacken

Maquereaux à la flamande Makrelen, mit Schalotten, Petersilie, Zwiebel (alles gehackt und in Butter gedünstet) gefüllt, gesalzen, gepfeffert, in dickes gebuttertes Papier gewickelt, gebacken und mit Zitronensaft serviert

Maquereaux grillés Gegrillte Makrelen, oft mit Senfsoße serviert

Marmite de pêcheurs – Marmite dieppoise – Marmite normande Fischeintopf mit Kartoffeln und Gemüsen

Matelote d'anguille Matrosengericht vom Aal mit Rotwein, Speck, Zwiebeln, Champignons und gebackenen Weißbrotwürfeln; oder Aal in einer Soße aus Rotwein, Butter, Mehl, Cognac, Zwiebeln, Schalotten, Karotten, Petersilie, Lorbeerblatt, Thymian, Salz und Pfeffer

Matelote honfleuraise Fischgericht, mit Apfelwein und Apfelschnaps zubereitet

Merlan Colbert Wittling, ein Mittelmeerdorsch, wird von der Mittelgräte befreit, gesalzen, gepfeffert, in Mehl gewendet, in Fett schwimmend gebacken und mit ›sauce Colbert‹ serviert

Morue à la crème Stockfisch, mit Sahne zubereitet

Morue à la provençale Stockfisch mit einer Soße aus Tomaten, Öl, schwarzen Oliven, Zwiebeln, Knoblauch, Pfeffer und manchmal Kapern

Morue à la lyonnaise Stockfisch mit gerösteten Kartoffelscheiben, gebratenen Zwiebelscheiben und Petersilie

Mostèle Côte d'Azur Dorschartiger Mittelmeerfisch, mit Weißwein, gehackten Schalotten und Butter zubereitet

Mouclade Muschelgericht mit Knoblauch, Butter, Petersilie, Pfeffer, etwas Mehl, Zitronensaft und Eigelb oder Sahne

Mouclade charantaise Miesmuscheln in einer Soße aus Butter, Mehl, Zitronensaft, Eigelb, Petersilie, Knoblauch, Sahne, Pfeffer, Salz, Thymian und einem Lorbeerblatt

Moules à la marinière Miesmuscheln, mit Butter, etwas Zwiebel, Weißwein, Schalotten, Petersilie, Pfeffer und manchmal Eigelb zubereitet

Moules à la provençale – Moules à la marseillaise Die vorgekochten Muscheln werden in ihrer Schale auf eine feuerfeste Platte gelegt und mit einer Buttermischung (Butter, Zitronensaft, Salz, Pfeffer, gehackten Schalotten) und Semmelbröseln im Rohr überbacken

Moules au riz Pilaf – Moules au Pilaf Miesmuscheln mit Reis und einer Currysoße

Mousse de truite cardinal Lockere Speise aus dem Fleisch von Forellen, mit Eiweiß, Salz, Pfeffer, Muskat, Nelke, Ingwer, Zimt und Sahne, im Wasserbad gekocht, dazu eine Trüffelsoße

Mousseline de truite Zum Unterschied von ›mousse‹ wird ›mousseline‹ statt mit Eiweiß mit geschlagener Sahne zubereitet

Mulet court bouillon Meeräsche, in einem aromatischen Sud gekocht, mit Butter oder einer Soße serviert

Nonnats Winzige Fische aus dem Mittelmeer, in Fett schwimmend gebacken

Omble chevalier braisé au champagne Eine Saibling-art, die es nur in den Savoyardischen Seen Frankreichs gibt, mit Champagner geschmort

Omble chevalier farci Saibling mit einer Fülle aus Trüffeln, Fischfleisch, gehackten Champignons, Sahne, Ei-weiß, Salz und Pfeffer und einer Soße aus Weißwein, Sahne, Ei, Butter, Trüffeln und Champignons

Omble chevalier au court bouillon sauce hollandaise Saibling in einem Sud aus Wasser, Weißwein und Zitronen-saft, mit Karotten, Zwiebel, Petersilie, Thymian, Lorbeer-blatt, Salz und Pfefferkörnern gargezogen und mit ›sauce hollandaise‹ serviert

Ombles braisés au porto Saiblinge, in einem geschlosse-nen Topf mit Portwein geschmort

Ombre Eine Flußäsche, die wie Forelle zubereitet wird

Palourdes farcies Muschelart ähnlich der ›clovisse‹; die gekochten Muscheln werden in ihren Schalen mit einer Mischung aus geriebenem Käse, Butter, Knoblauch, Peter-silie, Semmelbröseln und Pfeffer bedeckt und im Rohr überbacken

Paupiettes de maerlans Filets vom Wittling, mit einer Mischung aus Ei, Sahne, Salz, Pfeffer und magerem Hühner- oder Kalbfleisch bestrichen, eingerollt in gut gebuttertes Papier, im Ofen gebacken und mit Weißweinsoße serviert

Perche au chablis Der Süßwasserbarsch hat ganz hervorragendes Fleisch; er wird in eine feuerfeste Form gelegt, mit Butterflocken und gehackten Schalotten belegt, gesalzen, gepfeffert, mit heißem Chablis übergossen, etwa 20 Minuten gedünstet, mit zerbröckeltem Weißbrot und geriebenem Käse bestreut und im Rohr überbacken

Perche, sauce suchet (souchet) Flußbarsch mit einer Weißweinsoße mit verschiedenen kleingeschnittenen Gemüsesorten

Pibales grillées Winzige Aale (Aalbrut), auch ›angulas‹ oder ›civelles‹ genannt, gegrillt

Pochouse – Pauchouse Gericht aus Süßwasserfischen mit Weißwein, Speck, Estragon, Knoblauch, Zwiebel, Petersilie, Lorbeerblatt, Thymian, Salz, Pfeffer, Butter, Sahne, Branntwein und gegrillten Weißbrotscheiben

Poulpe – Pieuvre – Muscarin Kraken können, wenn sie fachmännisch zubereitet sind, ausgezeichnet schmecken

Poulpe en potée Für dieses baskische Gericht wird eine große Krake in Stücke geschnitten und zusammen mit Zwiebeln, Tomaten, Knoblauch, Salz, Pfeffer und Petersilie weichgedünstet, mit etwas Wasser aufgegossen; etwa 15 Minuten vor Beendigung der Kochzeit werden in Öl gebackene Brotscheiben in den Topf gelegt

Quenelles de brochet, beurre d'écrevisses Hechtklößchen, dazu mit Krebsbutter verrührte Bechamelsauce

Quenelles de brochet au gratin Hechtklößchen, mit Sahnesoße überbacken

Quenelles de brochet Nantua Hechtklößchen in Sahne-soße mit Krabben

Raie au beurre noisette Rochen (in Frankreich ist der ›raie bouclée‹, der gefleckte Nagelrochen, am beliebtesten), in einem aromatischen Fischsud gegart, mit brauner Butter

Rouget Es gibt zwei Sorten von diesem Fisch: ›rouget barbet‹, auch ›surmulet‹,› rouget de roche‹ oder ›bécasse de mer‹ genannt, und ›rouget grondin‹ oder ›triglie‹; von Feinschmeckern wird ›rouget barbet‹ bevorzugt

Rouget grillé Gegrillte Rotbarbe mit frischer Brunnen-kresse

Rougets à la nage Rotbarben in einer aromatischen Soße

Rougets à l'orientale – Rougets froids à l'orientale Rot-barben werden in Weißwein mit Tomaten, Öl, Koriander, Safran, Petersilie, Salz, Pfeffer, Thymian und Lorbeerblatt gedünstet und erkaltet mit Zitronenscheiben serviert

Sandre Zander findet man manchmal in Elsaß-Lothringen auf der Speisekarte

Sardines fraiches grillées avec beurre Frische Sardinen, mit Butter gegrillt

Saumon au champagne Lachs, mit Sekt zubereitet

Saumon frais soufflé – Soufflé de saumon Auflauf von frischem Lachs

Saumon de Gironde frit – Darnes de saumon de Gironde frites Scheiben vom Mittelstück eines Lachses aus der Gironde, gesalzen, gepfeffert, in Mehl gewendet und in Fett schwimmend gebacken

Saumon grillé Gegrillter Lachs, der mit verschiedenen Soßen serviert wird

Saumon de Loire braisé Pouilly Lachs aus der Loire, in Weißwein geschmort

Saumon poché Gekochter Lachs

Sauté d'églefin (aigrefin) Schellfisch, mit Butter, Zitronensaft, Petersilie und Kräutern gedünstet, mit frischem Kerbel bestreut serviert

Sauterelles In Nordfrankreich (Picardie) werden die Krabben (›crevettes‹) ›sauterelles‹ (Heuschrecken) genannt

Sole Cubat Seezunge in einer Soße aus Fischbrühe, Sahne, Butter, Mehl, mit Trüffeln, Champignons, Salz, Pfeffer, Muskat, im Rohr mit geriebenem Käse überbacken

Sole dieppoise Seezunge in Weißweinsoße mit Krabben, Muscheln und Champignons

Sole grand veneur Seezunge mit einer braunen Pfeffersoße

Sole grillée à l'estragon Gegrillte Seezunge mit zerlassener, mit Zitronensaft und Estragon gewürzter Butter

Sole meunière Seezunge, in Mehl gewendet, in Butter gebraten, gesalzen, gepfeffert, mit Zitronensaft beträufelt und mit gehackter Petersilie bestreut

Sole à la normande Seezunge in Sahnesoße mit Champignons und manchmal mit Austern

Sole pochée, beurre fondu Gekochte Seezunge mit zerlassener Butter

Tanche à la poitevine Eine Schleie wird in Butter und Öl gebraten, auf eine feuerfeste, heiße Platte gelegt; der Bratenfond wird mit etwas Essig aufgegossen, mit Knoblauch und Schalotten aufgekocht, gesalzen, gepfeffert und über den Fisch gegossen

Thon basquaise Thunfisch in einer Soße mit Paprika-schoten, Tomaten, Zwiebeln, Knoblauch und Ei

Thon à la casserole Thunfisch in einer Soße mit Speck, Weißwein, Knoblauch, Schalotten, Butter und Zitronen-saft

Truite aux amandes Forelle mit einer Butter-Sahnesoße und gerösteten Mandelscheibchen

Truite belle meunière Forelle nach Art der schönen Müllerin, in Mehl gewendet und in Butter gebraten

Truite au bleu Forelle, in einem Sud aus Essig, Wasser, Zwiebel, Karotten, Pfefferkörnern, Salz, Petersilie, Thy-mian und Lorbeerblatt gekocht und mit zerlassener Butter, frischer Petersilie und Zitronenscheiben serviert

Truite en chemise Forelle, mit Kräuterbutter gefüllt, in gebuttertes Papier gewickelt, im Rohr gebacken und mit Zitronenscheiben serviert

Truite couffinée Gebackene Forelle, in einen dünnen Pfannkuchen aus Buchweizenmehl gewickelt

Truite à la crème Forelle in Sahnesoße mit Champignons oder in einer Sahne-Weißweinsoße

Truite farcie Forelle mit einer Fülle aus Salz, Pfeffer, Weißbrot, Champignons, Schalotten, Sahne und Kräutern, in Butter und Weißwein gedünstet; in Béarn wird sie mit einer Fülle aus Gänseleber, Weißbrot, Ei, Salz und Pfeffer serviert

Truite au lard Forelle, mit Speckscheiben gebraten

Truite de mer, sauce verte Lachsforelle, in einem Sud mit Weißwein, Wasser, Salz, Lorbeerblatt, Thymian, Peter-silie, Karotten, Zwiebel, Pfeffer und etwas Orangenschale gekocht und kalt mit einer Mayonnaise serviert, unter die frische gehackte Kräuter (Petersilie, Kerbel, Estragon, Kresse, Schnittlauch) und Kapern gemengt wurden

Truite navarraise Forelle, mit Schinken und Kartoffelscheibchen gebraten

Truite au riesling Forelle, in einem Weinsud gekocht, mit zerlassener Butter

Truite saumonée Lachsforelle

Truite sautée aux noix Mit Walnüssen gebratene Forelle

Truite à la viennese Forelle, in Butter gedünstet, auf einem Bett von Spinat gesalzen, gepfeffert, mit Butterflocken und Semmelbröseln bestreut, mit Zitronensaft beträufelt, im Rohr überbacken

Turbot grillé Steinbutt vom Grill, mit verschiedenen Soßen serviert

Viande – Fleischgerichte

In Frankreich züchtet man Vieh weniger im Interesse einer möglichst großen Fleischausbeute, sondern vor allem im Hinblick auf Geschmack und Qualität. So liefern die weißen Charollais-Rinder aus der Bourgogne, die Lämmer und Hammel, die auf den Salzwiesen der Normandie weiden – sie werden ›pré-salé‹ genannt –, Kälber, die bis zu drei Monaten mit Milch ernährt werden, Mastschweine aus dem Elsaß, Hauskaninchen und Zicklein Fleisch von bester Qualität. Sparsame französische Hausfrauen und geniale Köche verwenden jedes Stück der Schlachttiere.

Berühmte und beliebte Spezialitäten sind ›queues de mouton‹, Hammelschwänzchen, ›pieds de porc‹, Schweinefüße, ›tripes‹, Kaldaunen und ›tête de veau‹, Kalbskopf. Wenn in einem volkstümlichen Gasthof hinter einem ›côte‹ das Wort ›cheval‹ steht, handelt es sich um Pferdefleisch, das sehr zart sein soll.

Aloyau à la broche à la landaise Lendenstück gespickt, einige Stunden in Weißwein und Armagnac, mit Pfefferkörnern, Thymian, Lorbeerblatt, Petersilie und Muskatnuß mariniert und am Spieß gebraten; dazu werden gebratene Auberginen, Tomaten Gourgettes und Zwiebeln gemischt gegessen

Andouille à la poêle Wurst aus Innereien vom Schwein, in der Pfanne gebraten, mit Senf serviert

Andouillette de Troyes grillée Gegrillte Bratwurst aus Schweins- oder auch Hammelkaldaunen; dazu wird meistens Kartoffelpüree serviert

Andouillette au vin blanc Bratwurst, mit feingehackter Zwiebel und Weißwein geschmort

Attereau de cervelles d'agneaux Kleine Metallspießchen mit gekochtem Lammhirn, gesalzen, gepfeffert, mit Zitronensaft und Öl beträufelt, in Semmelbröseln gewendet, in Fett schwimmend gebacken und mit gebackener Petersilie serviert

Ballotine d'agneau à la provencale aux herbes de la montagne Lammfleischrolle, mit Gebirgskräutern und Knoblauch gefüllt

Baron d'agneau de Pauillac Beide Hinterschlegel vom Lamm, in Butter und Öl mit Kartoffelscheiben und Pilzen gebraten, gesalzen, gepfeffert und mit gehackter Petersilie und Knoblauch bestreut; die Gemeinde Pauillac ist berühmt für ihre delikaten Milchlämmer

Bavette Bercy Querrippe mit ›sauce Bercy‹

Bifteck flambé Rinderschnitte vom Filetkopf oder von der Lende, gesalzen, gepfeffert, in Fett gebraten und mit Cognac flambiert

Bifteck à la tartare Feingeschabtes Rindfleisch, mit Eigelb, etwas Olivenöl, Salz, Pfeffer, Thymian, Safran, einem Spritzer Essig, Kapern, Curry, gehacktem Knoblauch, Zwiebel und Petersilie vermengt und mit Gürkchen garniert

Biftecks à la provençale Hackfleisch wird gesalzen, gepfeffert, mit einem Ei, gehacktem Knoblauch und Champignons vermischt, mit der Hand zu flachgedrückten Kugeln geformt, in Mehl gewendet, in Olivenöl gebacken und mit gehackter Petersilie bestreut

Blanquette de veau Kalbsragout in weißer Soße mit Karotten, Zwiebeln, Sahne, Salz, Pfeffer, Zitronensaft, Petersilie, Thymian, Lorbeerblatt, Butter, Mehl und Eigelb

Bœuf bourguignon Rindfleisch, in Stücke geschnitten, in Butter angebraten, mit Zwiebeln, Petersilie, Lorbeerblatt, Thymian, Salz, Pfeffer, etwas Mehl und Rotwein fertiggekocht

Bœuf en daube Rindfleisch wird eine Nacht in Essig, Rotwein, Olivenöl mit Karotten, Knoblauch, Salz, Pfeffer, Petersilie, Thymian, Lorbeerblatt und einer mit Nelken besteckten Zwiebel mariniert und mit etwas Speck, mit der Marinade begossen, geschmort

Bœuf à la mode Rindfleisch gespickt, mit Salz, Pfeffer, Zwiebeln, Karotten, Petersilie, Thymian, Lorbeerblatt und Weißwein bei schwacher Hitze langsam gedünstet

Boudin blanc Weiße Bratwurst

Boudin de la Corrèze Weiße Bratwurst mit Trüffeln

Boudin noir grillé Eine Art Blutwurst in dicken Scheiben, gegrillt und oft mit gebratenen Äpfeln serviert

Brochettes d'agneau pré-salé Spießchen mit Lammfleisch, Paprikaschoten und Speck, mit Kräutern gewürzt und gegrillt; ›agneau pré-salé‹ wird ein Lamm genannt, das auf den würzigen Salzwiesen an der Atlantikküste weidet

Carbonade Rindfleisch in Biersoße mit Zwiebeln und Gewürzen

Carré d'agneau aux herbes Lammrücken, mit vielen Kräutern gebraten

Carré d'agneau au romarin des Alpes Lammrücken, mit Rosmarin gebraten

Carré d'agneau sarladaise Lammrücken mit Kartoffeln und Trüffeln

Carré de porc rôti Gebratener Schweinerücken

Cassoulet Eintopfgericht mit weißen Bohnen und verschiedenen Fleischsorten (Gans, Ente, Schwein, Hammel, Speck, Würste)

Cervelle au beurre noir Hirn mit ›beurre noir‹

Cervelle de veau, beurre noisette Kalbshirn mit brauner Butter

Châteaubriand grillé Große, dicke Scheibe Filet gegrillt

Chevreau à la cantalienne Eine junge Ziege, in Stücke zerteilt, mit Salz, Pfeffer, Speck und Zwiebeln angebraten, mit Bouillon, etwas Essig, Petersilie, Lorbeerblatt und Thymian gedünstet, mit Semmelbröseln bestreut, nochmals aufgekocht und mit viel gehackter Petersilie serviert

Chops d'agneau grillés Gegrillte Lammkoteletts vom Filetstück

Cœur de veau sauté au beurre Kalbsherz, in Butter gebraten, gesalzen, gepfeffert, mit gehackter Petersilie bestreut

Contrefilet grillé Flaches Roastbeef ohne Knochen, gegrillt

Côte de bœuf charollaise aux trois sauces Gebratenes Ochsenrippenstück mit drei verschiedenen Soßen; die Bezeichnung ›charollaise‹ weist darauf hin, daß das Fleisch von den weißen Charollaise-Rindern aus der Bourgogne stammt und von ausgezeichneter Qualität ist

Côte de porc à l'alsacienne In Butter gebratenes Schweinsrippenstück mit Sauerkraut

Côte de veau bonne femme – Côte de veau grand-mère Kalbskotelett, mit kleinen Zwiebeln, Kartoffeln und feinen Kräutern zugedeckt, im Rohr gebraten

Côte de veau au carry Kalbskotelett, in Butter angebraten, gesalzen, gepfeffert, mit feingehackten Zwiebeln, Curry, Weißwein und Sahne fertiggedünstet und mit Reis serviert

Côte de veau à la charcutière Kalbskotelett in einer Soße aus Butter, Mehl, Madeira, Essig und gehackten Gürkchen

Côtelette de veau en papillote Kalbskotelett gesalzen, gepfeffert, in Öl gewendet, mit feinen Kräutern bestreut, in Folie gewickelt und gegrillt

Côtes de porc à l'auvergnate Weißkohl wird in Salzwasser gekocht, gehackt und mit Sahne, Salz und Pfeffer gedünstet; Schweinekoteletts werden in Butter gebraten; Salbeiblätter, mit Weißwein aufgekocht, werden unter den Kohl gemengt; auf eine feuerfeste Platte kommt eine Schicht Weißkohl, darauf die Koteletts und wieder Kohl; darüber werden geriebener Käse und Butterflocken verteilt; dann wird alles im Rohr überbacken

Couscous Ein Spezialgericht aus Nordafrika, zubereitet aus Getreide, Hammelfleisch, Hühnerfleisch und verschiedenen Gemüsen, gewürzt mit Knoblauch, Kreuzkümmel und rotem Pfeffer; man findet es vor allem auf den Speisekarten der algerischen und marokkanischen Restaurants in Frankreich; es gibt auch eine süße Zubereitungsart mit Nüssen und Früchten

Échine de porc au chou rouge Schweinehalsgrat mit Rotkraut und Kastanien

Émincé de veau au pinot de bar Feingeschnitzeltes Kalbfleisch, in Butter mit gehackten Schalotten angebraten, mit Mehl bestäubt, mit Weißwein aufgegossen, gesalzen, gepfeffert, nochmals aufgekocht, mit Sahne verrührt und zu gebackenen Weißbrotschnitten serviert

Émincé de veau zurichoise Geschnetzeltes Kalbfleisch in Sahnesoße

Entrecôte Bercy Entrecôte kann von der Lende oder vom Filet sein, in jedem Fall ist es in Frankreich sehr groß, ›entrecôte Bercy‹ ist gegrillt und wird mit Kresse und ›sauce Bercy‹ serviert

Entrecôte bordelaise Am besten schmeckt dieses Zwischenrippenstück, wenn es über einem Feuer von alten Rebstöcken (›sarments de vigne‹) gebraten wurde; es wird mit Scheiben von Ochsenmark und einer Soße mit Schalotten, Salz, Pfeffer, Petersilie, Butter, Tomatenmark, Rotwein, Thymian und Lorbeerblatt serviert

Entrecôte marchand de vin Zwischenrippenstück, gegrillt, gesalzen, gepfeffert, mit Weißwein oder Rotwein begossen und mit gehackten Schalotten einige Minuten fertiggedünstet

Entrecôte minute Schnell zubereitetes, gegrilltes, nicht allzu großes Zwischenrippenstück

Entrecôte à la provençale Zwischenrippenstück mit einer Soße aus Bouillon, dem Bratenfond, Knoblauch und einem Spritzer Essig serviert

Épaule de mouton à la bourgeoise Hammelschulter, mit Zwiebeln, Karotten, durchwachsenen Speckscheiben, Salz und Pfeffer geschmort

Escalope de veau à la bérichonne Kalbsschnitzel, in Butter gebraten, mit einer Soße aus dem Bratenfond, Butter, Mehl, Milch, gehackten Zwiebeln, Streifen von Schinken, feingeschnittenen Champignons, mit geriebenem Käse bestreut, im Rohr überbacken und vor dem Servieren noch mit einem Suppenlöffel Rahm begossen

Escalope de veau bretonne Kalbsschnitzel, in Butter gebraten, mit einer Soße aus dem Bratenfond, Butter, Mehl, Bouillon und Zitronensaft im Rohr überbacken

Escalope de veau à la crème Rahmkalbsschnitzel

Escalope de veau viennoise – Escalope de veau panée
Paniertes Wiener Schnitzel

Faux filet grillé – Contrefilet grillé Eine Scheibe gegrilltes Ochsenfleisch, meistens aus der Hüfte

Filet de bœuf aux olives Ein Rinderfilet, gespickt, im
Rohr mit etwas Fett gebraten und erst kurz vor dem Servieren gesalzen und gepfeffert; dazu eine Soße aus Butter,
Mehl, Bouillon, Lorbeerblatt, Petersilie, Thymian, Weißwein, Madeira und entkernten Oliven

Filet mignon sauté Filetspitze, in Butter gebraten

Filet de porc sur purée de pommes Gebratenes
Schweinsfilet auf ungezuckertem Apfelmus

Filet de porc Soubise Gebratenes Schweinsfilet mit
Zwiebelpüree

Foie de veau à la lyonnaise Kalbsleber, in feine Scheibchen geschnitten, in Butter gebraten, mit im Bratenfond
geschmorten Zwiebelringen, einem Spritzer Essig und gehackter Petersilie

Foie de veau meunière Kalbsleber, in Mehl gewendet, in
Butter gebraten und mit Zitronenvierteln serviert

Fressure d'Anjou Herz, Leber und Lunge vom Lamm,
in kleine Stückchen geschnitten, mit Zwiebeln und Speck
angebraten, mit Knoblauch, Salz, Pfeffer, Nelken, Thymian
und Weißwein im geschlossenen Topf weichgekocht und
vor dem Servieren mit etwas Butter gebunden, mit Zitronensaft beträufelt und mit gehackter Petersilie bestreut

Fricandeau de veau à la bourgeoise Gespickte Kalb-
fleischscheiben, gesalzen, gepfeffert, mit Karotten- und
Zwiebelscheiben auf Speckschwarten angebraten, mit Weiß-

wein aufgegossen, mit kleinen Zwiebeln, Karotten, Lorbeerblatt, Petersilie, Thymian, konzentrierter Kalbsbrühe und etwas Butter zugedeckt und fertiggeschmort

Fricassée de porc   Schweinefleisch, in Stücke geschnitten, zwölf Stunden in eine Marinade aus Weißwein, Öl, Zwiebeln, Pfefferkörnern, Salz, Lorbeerblatt, Petersilie und Thymian gelegt, abgetropft und in einer Mischung aus Schweinefett und Butter angebraten, mit Mehl bestäubt, mit Rotwein und etwas Marinade begossen und gedünstet; vor dem Servieren wird die Soße mit Schweineblut und Sahne gebunden

Gibelotte de lapin – Lapin en gibelotte   Ein Kaninchen, in Stücke zerteilt und mit Butter, frischem Speck, Mehl Bouillon, Weißwein, Karotte, Zwiebeln, Salz und Pfeffer zu einem Ragout verarbeitet

Gigot d'agneau à la Bergerac   Lammschlegel, mit Knoblauch gespickt, gebraten, mit Kresse, jungen gekochten Bohnenkernen und kleinen, in Olivenöl gebratenen, mit gehackter Petersilie und Knoblauch bestreuten Kartoffeln

Gigot à la bretonne   Hammelschlegel mit weißen Bohnen

Goulache – Ragoût de bœuf   Rindsgulasch mit Paprika und Zwiebeln

Gras double à la lyonnaise – Tripes à la lyonnaise
Kutteln, in Wasser mit Karotten, Zwiebeln, Lorbeerblatt, Thymian, Pfefferkörnern und Salz gekocht, in Streifen geschnitten, mit Zwiebeln in Öl und Butter gebräunt, mit Essig bespritzt und mit gehackter Petersilie bestreut

Gratin de jambon aux cœurs de laitue   Überbackener Schinken mit gedünsteten Salatherzen

Grenadine de veau à la Macédoine   Ovale oder dreieckige Kalbsschnitzel, gespickt mit frischem Schweinespeck, Karotten, Zwiebeln, Petersilie, Lorbeerblatt, Thymian, Kalbsbrühe und Weißwein im Rohr gebraten und mit einer Gemüseplatte serviert

Hachua de Sare Für dieses baskische Gericht werden gehackte Zwiebeln und gehacktes Rindfleisch in Fett knusprig gebraten, mit Mehl bestäubt, mit Rotwein aufgegossen, mit Thymian, Lorbeerblatt, Knoblauch und Petersilie gewürzt, einige Minuten gekocht, mit einem Suppenlöffel Weißwein verrührt und zu gekochten Kartoffeln serviert

Jambon à la crème Gekochter Schinken, in Weißwein erwärmt, mit einer Soße aus Sahne, Eigelb, Pfeffer, Champignons und Zitronensaft überbacken

Jambon en saupiquet Dicke Scheiben von rohem Schinken werden in Milch gelegt, damit sie Salz verlieren, und anschließend in Schweinefett gebraten; aus Mehl, Schweinefett, einem Glas Weißwein und Bouillon wird eine braune Soße bereitet; in einem Glas Weinessig werden Wacholderbeeren, Pfefferkörner und gehackte Schalotten gedünstet, durch ein Sieb zur braunen Soße gegeben und diese, mit frischer Sahne und etwas Butter verrührt, über die Schinkenscheiben gegossen

Jambon à la tomate Schinken mit einer Tomaten-Zwiebel-Knoblauchsoße

Langue de bœuf braisée Gekochte Ochsenzunge, gespickt, mit Karotten, Zwiebeln, Pfeffer und Weißwein geschmort

Langue de bœuf au gratin Gekochte Ochsenzunge in Scheiben, entweder mit einer Soße und geriebenem Käse im Rohr überbacken oder mit einer Mischung aus in Bouillon eingeweichtem Weißbrot, Champignons, feingeschnittenen Schalotten und Petersilie bedeckt, mit Semmelbröseln bestreut und mit Butter begossen im Rohr überbacken

Langue de veau, ravigote Gekochte Ochsenzunge in einer braunen Soße mit Zwiebeln, Knoblauch, Kapern,

Petersilie, Estragon, Lorbeerblatt, Thymian, Muskatnuß und Weißwein

Lapereau, sauce moutarde   Junges Kaninchen mit Senfsoße

Lapin à l'ail   Kaninchen in Stücke zerteilt, in Salz, Pfeffer und Mehl gewendet, in Öl angebraten, mit einigen Knoblauchzehen zugedeckt und fertiggeschmort

Lapin à l'estragon   Kaninchen, in Stücke zerteilt, in Butter und Öl mit Speck und Zwiebeln angebraten, mit Weißwein, Salz, Pfeffer und Bouillon gedünstet und mit gehacktem Estragon serviert

Lapin aux pruneaux et aux raisins   Ein Kaninchen wird in Stücke zerteilt, in Rotwein und Essig mit Thymian, Lorbeerblatt, Bohnenkraut, weißem Pfeffer, Ingwer, Nelken, Muskatnuß und etwas Zimt mariniert, gesalzen, gepfeffert in Butter mit Speck und etwas Mehl angebraten, mit einem Teil der Marinade und Rotwein aufgegossen und zusammen mit Rosinen und Backpflaumen zugedeckt gekocht; vor dem Servieren wird die Soße mit Kaninchenblut und einem Löffel Johannisbeergelee verrührt

Lewerknepfle   Spezialität aus dem Elsaß, Leberknödel aus Kalbsleber, in Milch eingeweichtem Weißbrot, etwas Mehl, Eier, Zwiebeln, Petersilie, Salz, Pfeffer und etwas Muskatnuß, mit in Butter gebräunten Weißbrotscheiben serviert

Lonkinkas   Baskische Würstchen, mit Knoblauch gewürzt

Médaillon de ris de veau braisé   Mit Zwiebeln, Karottenscheiben, Salz, Pfeffer, Butter, Speck und etwas Weißwein geschmortes Kalbsbries

Médaillons de veau – Noisettes de veau   Scheiben vom Kalbsfilet

69

Mignon de veau chasseur Kalbsschnitzel, mit Champignonscheiben in Butter und Schalotten in Weißwein gedünstet

Navarin de mouton Hammelragout mit verschiedenen Gemüsen, vor allem mit Karotten und Kartoffeln

Noix de veau au carry Kalbsnuß in Butter gebraten, mit Curry gewürzt und mit Weißwein und Sahne aufgegossen

Noix de veau rôtie jardinière Gebratene Kalbsnuß mit grünen Erbsen und Bohnen, Karotten, Blumenkohl und weißen Rüben

Onglet grillé Ein Stück gegrilltes Rindfleisch

Oreilles de porc braisées Schweinsohren, mit Salz, Pfeffer, Speck, Zwiebelringen, Karotten und Bouillon geschmort, mit Gemüsepüree serviert

Paupiette de veau – Oiseaux sans tête Gefüllte Kalbsroulade

Petit salé aux choux (aux lentilles) Gepökeltes Schweinefleisch mit Kohl (bzw. mit Linsen)

Pièce de faux filet sur le gril Ein Stück falsches Rindsfilet (aus der Hüfte) vom Grill

Pieds de porc Sainte-Menehould In einem würzigen Sud gekochte Schweinsfüße, paniert und in Fett knusprig gebacken; dazu eine Soße aus Weißwein, Essig, etwas Mehl, Butter, gehackten Zwiebeln, Thymian, Petersilie, Kerbel, Salz, Pfeffer, Lorbeerblatt, Cayennepfeffer, Senf und gehackten Gürkchen, manchmal auch Kartoffelpüree, Erbsenpüree, Zwiebelpüree, Selleriepüree, Linsenpüree oder Püree von roten Bohnen

Poitrine d'agneau farcie   Lammbrust, mit einer Fülle aus gehacktem Schweinefleisch, gehacktem rohem Speck, in Milch eingeweichtem Weißbrot, Rosinen, Salz, Pfeffer, Muskatnuß, Petersilie und Eiern, im Rohr gebraten, vor dem Servieren mit in Schweinefett gebratenen, gehackten Zwiebeln und Knoblauch bestreut

Poitrine de veau farcie   Kalbsbrust, mit einer Mischung aus Hackfleisch, gehackten, in Butter geschmorten Zwiebeln, Petersilie, Salz, Pfeffer, Muskatnuß und Ei gefüllt

Poitrine de veau aux petits pois   Kalbsbrust, in Stücke geteilt, gesalzen, gepfeffert, mit kleinen Zwiebeln in Butter und Öl angebraten, mit Mehl bestäubt, mit Bouillon aufgegossen, mit Thymian, Lorbeerblatt und Petersilie gewürzt und mit grünen Erbsen fertiggedünstet

Queue de bœuf aux chipolatas   Ochsenschwanz in einer pikanten Soße, mit kleinen gebratenen Würstchen, glasierten Zwiebeln, in Bouillon gekochten Kastanien und durchwachsenen gebratenen Speckscheiben garniert

Râble de lapin, sauce moutarde   Kaninchenrücken mit Senfsoße

Ragoût d'agneau navarraise   Lammragout mit Knoblauch, Zwiebeln, Salz, Pfeffer, Schinken, Tomatenmark, Thymian, Petersilie und Rotwein oder Weißwein

Ris de veau Clamart   Gekochtes Kalbsbries auf einem Bett von gedünsteten Zwiebelringen und Karottenscheiben mit Streifen von Speck und geräucherter Rindszunge, mit etwas Bouillon begossen, im Rohr überbacken, gesalzen, gepfeffert und mit frischen, grünen, in Butter mit Kerbel gedünsteten Erbsen serviert

Ris de veau à la maréchale   Gebratenes Kalbsbries, mit Spargelspitzen und Trüffelscheiben garniert

Ris de veau à l'oseille   Kalbsbries mit Karotten, kleinen Zwiebeln, gedünsteten Tomaten und Sauerampferpüree

Rognons de mouton sautés au champagne   Hammelnieren, in einer Soße aus Weißwein aus der Champagne, Champignons, Butter, Mehl, Zitronensaft, Petersilie, Salz, Pfeffer, Muskatnuß und konzentriertem Fleischsaft, mit in Butter gebratenen Weißbrotscheiben

Rognons de veau au madère   Kalbsnieren, mit Streifen von gekochtem Schinken und Champignons in Butter gebraten, mit Calvados flambiert, mit Madeira und Sahne aufgegossen und mit Salz, Pfeffer, Muskatnuß und Petersilie gewürzt

Saucisson chaud comme à Lyon   Etwas fette Schweinswurst, meistens in Pergamentpapier gewickelt, in heißer Asche oder im Rohr gewärmt

Sauté de veau Marengo   Kalbfleischstücke, in Öl mit Zwiebeln und Knoblauch gebraten, mit Weißwein und Bouillon aufgegossen, mit Salz, Pfeffer, Tomatenmark, kleinen Zwiebeln und Champignons verrührt, mit in Butter gebratenen Weißbrotschnitten serviert

Selle d'agneau portugaise   Lammrücken gebraten mit geschmorten Tomaten, grünen Bohnen und Kartoffeln

Selle d'agneau en rognonnade – Rognonnade d'agneau Lammrückenstück mit den Nieren

Selle de veau en rognonnade – Rognonnade de veau Kalbsrückenstück mit den Nieren

Steak au poivre vert   Rindersteak, mit grünem Pfeffer gebraten

Tête de veau tortue   Gekochter Kalbskopf mit Zunge und Hirn, in Stücke zerteilt, in einer Soße aus Trüffeln, Champignons, Gürkchen, Oliven, Krebsschwänzen, Hahnenkämmen, Hühnernieren, gehackter Zwiebel, Salz, Pfeffer, Salbei, Tomatenmark, Basilikum, Majoran, Thymian, Rosmarin, Petersilie, Madeira, Bouillon, Butter, Mehl und etwas Essig

Tournedos Rossini Kleine Scheiben Rindsfilet, mit Trüffeln und Gänseleber auf Weißbrot in Butter gebraten, mit einer Soße aus dem Bratenfond mit Madeira, Salz und Pfeffer

Tournedos Saint-Germain Kleine Scheiben Rindsfilet, in Butter gebraten, mit einem Püree von frischen grünen Erbsen

Tripaux Gefüllte Hammelfüße, in Stücke von Hammelmagen gewickelt

Tripes à l'alésienne Kutteln, mit Sellerie, Tomaten, Thymian, Lorbeerblatt und Weißwein gekocht

Tripes à la mode de Caen Gereinigte gebrühte Kutteln, in kleine viereckige Stücke geschnitten, in Apfelwein und manchmal etwas Calvados, mit Zwiebeln, Karotten, halbierten Kalbsfüßen, Petersilie, Knoblauch, Thymian, Lorbeerblatt, Salz, Pfeffer, Nelken, Muskatnuß, Ingwer, etwas Zimt und weißen Pfefferkörnern bei kleinem Feuer in einem fest verschlossenen irdenen Topf im Rohr etwa zehn Stunden gekocht, mit Dampfkartoffeln serviert

Tripoux Lammkaldaunen, Schinken, Schweinefleisch, Knoblauch und Petersilie fein gehackt, mit Salz und Pfeffer gewürzt, in Stücke vom Hammelmagen und -darm oder Kalbsnetz gewickelt, mit geschnittenem Gemüse, Speckschwarten und Weißwein fest verschlossen in einem irdenen Topf im Rohr etwa sechs Stunden gekocht

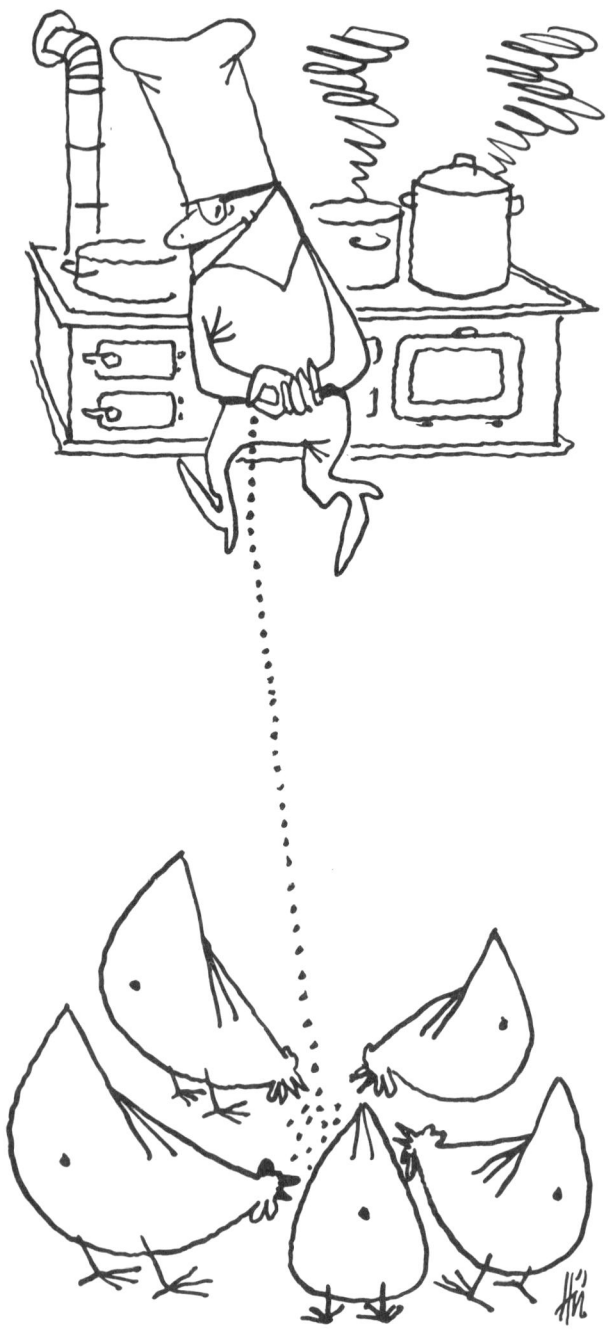

Volaille et Gibier – Geflügel und Wild

Frankreich muß seinen Bedarf an Haarwild zum großen Teil aus Einfuhren decken. Deshalb sind Wildgerichte ziemlich teuer. Anders ist es bei Geflügel: »Je veux que le dimanche chaque paysan ait sa poule au pot«, »Ich wünsche, daß sonntags jeder Bauer sein Huhn im Topf hat«; dieser Ausspruch stammt aus einer Regierungserklärung Heinrichs IV vor etwa vierhundert Jahren. Seitdem wurden unzählige ›poules Henri IV‹, ›poules au pot‹ und ›poules en cocotte‹, Hühner im Topf, serviert. Hühnergerichte sind in Frankreich bis heute eine Spezialität geblieben.

Üblich ist folgende Einteilung: ›poulets de printemps‹, ›poussins‹, ›coquelets de Hambourg‹, Kücken, die nicht schwerer als 500 g sind; ›poulets de grain‹, Hühnchen zwischen 600 und 700 g; ›poulets reine‹ von 1000 bis 1800 g; ›poulardes‹ und ›chapons‹, Masthühner und Kapaune mit einem Gewicht von etwa 3 kg. Die besten Rassen sind ›bresse‹ mit einer ›appellation contrôlée‹, ›houdan‹ und ›faverolle‹.

Enten werden sehr jung verwendet; ›rouennais‹ werden erstickt, ›nantais‹ abgestochen.

Alico – Alicuit   Ragout von Enten- oder Gänseklein mit Pilzen und gegrillten Kastanien

Ballotine de volaille, truffes en pistache   Geflügelrolle mit Trüffeln und etwas Knoblauch im Bratensaft

● **Bécasse à la périgourdine**   Gefüllte Waldschnepfe
●

● **Bécassin – Cul-blanc rôti sur canapés**   Gebratene
● Sumpfschnepfe auf in Butter gebackenen Weißbrotscheiben

● **Becs-Fins – Becfigue**   Kleine Vögel aus der Provence

● **Caille en cocotte**   Wachtel, in einer feuerfesten Form gebraten

● **Caillette de l'Ardèche**   Junge Wachtel aus dem Tal von Ardèche

Canard à la Montmorency – Canard aux cerises   Gebratene Ente, deren Soße vor dem Servieren mit in Rotwein gekochten Sauerkirschen vermischt wird

Canard aux pêches   Eine junge Ente wird gesalzen, gepfeffert und zusammen mit Zwiebel- und Karottenscheiben, etwas Butter, Petersilie, Lorbeerblatt, Thymian, Weinbrand und Kalbsbrühe im Rohr gebraten; halbierte Birnen werden fünf Minuten in der Soße gekocht und zur Ente serviert

Canard au sang – Canard rouennais – Canard rouennais en civet   Eine Spezialität aus Rouen; eine junge Ente wird erstickt, sofort an der Brust gerupft und geöffnet, damit das Blut abfließen kann, (es wird aufbewahrt); die Ente wird gegrillt und vom Knochengeripppe befreit; aus dem durch eine Spezialpresse gedrückten Geripppe, Blut, Innereien, Rotwein, Cognac, Schalotten und Butter besteht die Soße

Canard à la solognote   Die Ente wird mit einer Mischung aus gehackter Entenleber, Weißbrot, einem Glas Cognac oder Armagnac, Zwiebel, Knoblauch, Thymian, Rosmarin, Bohnenkraut, Salz und Pfeffer gefüllt und im Rohr mit halbierten Tomaten gebraten; die Fülle wird mit dem Bratenfond vermischt und zur Ente serviert

Canard sauvage rôti   Gebratene Wildente, mit Orangen- oder Zitronenvierteln und dem Bratensaft serviert

Caneton aux navets   Junge Ente, mit Salz, Pfeffer und Thymian gewürzt, mit Butter angebraten, mit Weißwein aufgegossen und mit weißen Rübchen und Schalotten fertiggebraten

Chapon de Bresse gros sel – Chapon au gros sel Unter diesen Namen kann man zwei verschiedene Gerichte erhalten, entweder einen Kapaun, der eingebettet in mehrere Kilo grobes Meersalz im heißen Rohr (nicht zugedeckt) gebacken wurde, mit verschiedenen Gemüsen, oder einen gekochten Kapaun, serviert mit einer Soße, Gürkchen, Kapern und grobem Meersalz aus der Mühle oder dem Mörser

Coq de bruyère Der Auerhahn lebt in Frankreich in den Ardennen, den Vogesen, den Alpen und den Pyrenäen; er wird wie Fasan zubereitet

Coq au vin Ein Huhn oder Hahn wird in Stücke zerteilt, gesalzen, gepfeffert, in Butter angebraten, mit Cognac flambiert und mit rotem Burgunder aufgegossen; kleine Zwiebeln werden mit Speck, Salz, Pfeffer, Thymian und Rosmarin gedünstet, zusammen mit Champignons, Knoblauch und zwei Zuckerstückchen zum Huhn gegeben und gedünstet, bis das Huhn weich ist; die Soße wird mit Hühnerblut, das mit etwas Essig verrührt wurde, gebunden; es gibt viele Abwandlungen dieses Gerichts; oft wird es nach dem dafür verwendeten Weißwein benannt, z.B. ›Coq au riesling‹; wenn das Huhn mit Weißwein zubereitet wird, fehlt das Blut; manchmal wird auch Tomatenmark zum Binden der Soße genommen

Coquelet en pâte Hähnchen, mit Speck umwickelt, in Blätterteig gebacken

Côtelettes de chevreuil au genièvre Gebratene Rehkoteletts, mit Wacholderschnaps und Sahne begossen, mit einigen zerstoßenen Wacholderbeeren gewürzt und mit ungesüßtem Apfelmus serviert

Côtelettes de marcassin rôties flambées Frischlingskotelettes, in Rotwein, Olivenöl und Zitronensaft mit Karotten, Zwiebel, Lorbeerblatt, Salz, Pfeffer, Thymian mariniert, gebraten und mit Wacholderschnaps flambiert

77

Dinde (dindon; dindonneau) aux marrons Truthenne, Truthahn, junge Truthenne oder junger Truthahn, mit Speck umwickelt, mit Kastanien gefüllt, gesalzen, gepfeffert und gebraten

Faisan à la normande Fasan gesalzen, gepfeffert, in Butter angebraten und auf gedünsteten Apfelscheiben, mit Sahne und etwas Apfelschnaps zugedeckt, fertiggeschmort

Faisan rôti aux marrons Gebratener Fasan mit Kastanien

Filet de chevreuil chasseur Reh- oder Hirschfilet wird einige Tage in eine Marinade aus Essig, Öl, Zwiebeln, Schalotten, Nelken, Knoblauch, Pfeffer, Salz, Lorbeerblatt gelegt, mit Speck umwickelt, gebraten und mit der Marinade und Weißwein aufgegossen

Filet de sanglier (marcassin) rôti Wildschwein- oder Frischlingsfilet wird in eine Marinade gelegt, gespickt, gebraten und mit einer Soße aus der Marinade, dem Bratenfond, Butter, Mehl und Johannisbeergelee serviert

Jau au sang Einjähriges Huhn mit Speck, kleinen Zwiebeln und Hühnerblut in der Soße

Lapereau de garenne aux champignons Junges Wildkaninchen, in Butter und Öl mit Zwiebeln und Speck angebraten und mit Bouillon, Weißwein, Knoblauch, Salz, Pfeffer, Lorbeerblatt, Thymian und Petersilie fertiggedünstet

Lièvre en cabessal (chabessal) Ein Hase wird in Öl und Rotwein mit Thymian, Lorbeerblatt, Rosmarin, Pfeffer, Nelke, Muskatnuß, Zwiebelringen und Knoblauch mariniert, gefüllt mit einer Mischung aus Schweinefleisch, Kalbfleisch, Schalotten, Ei, Petersilie, Salz, Pfeffer und eingeweichtem Weißbrot, mit Speckstreifen umwickelt, im geschlossenen Topf mit Gänsefett, Mehl, Weinbrand, Wein, Marinade und Zwiebeln geschmort und serviert mit einer Soße, bestehend aus dem Bratenfond, Knoblauch, Essig,

Hasenleber, Hasenblut und Trüffeln; der mit Speck um-
wickelte Hase erinnert an das zusammengelegte Tuch
(cabessal oder chabessal), das die Frauen unter einer Last auf
dem Kopf tragen

Lièvre rôti à la saintongeaise Ein Hase wird mit Cognac
eine Stunde mariniert, mit Speck umwickelt, am Spieß
gebraten und mit einer Soße aus Rotwein, Knoblauch,
Hasenleber, Speck, Butter, Essig, Schalotten, Zwiebel,
Bohnenkraut, Estragon, Basilikum, Salz, Pfeffer und Hasenblut serviert

Oie à l'alsacienne Mit Wurstbrat gefüllte, gebratene
Gans, mit Sauerkraut serviert

Oison rôti Junge, zarte Gans gebraten

● **Ortolans** Fettammern werden auf kleinen Spießen gebraten und mit Kresse serviert

● **Palombe farcie – Ramier farci** Gefüllte, gebratene
● Ringeltaube

Perdreau en chartreuse – Perdrix aux choux Ein Rebhuhn wird gespickt und angebraten; ein großer Topf wird
mit Speckschwarten ausgelegt; darauf kommen Karotten-
und Zwiebelwürfel, Petersilie, Thymian, Lorbeerblatt und
in kochendem Wasser gebrühtes Weißkraut, Pfeffer, Salz
und magerer Speck; auf dieses Bett wird das Rebhuhn gelegt, mit Weißkraut bedeckt und im Rohr fertiggeschmort

Perdrix aux lentilles Ein Rebhuhn wird mit Speckscheiben, Zwiebeln, Karotten, Knoblauch, Petersilie, Salz und
Pfeffer gedünstet und mit Linsen und Würstchen serviert

Pigeon aux cerises Taube, gesalzen, gepfeffert, in einer
Mischung aus Öl und Butter gebraten, mit Portwein aufgegossen, mit gekochten Kirschen fertiggedünstet und auf
gebackenen Weißbrotscheiben mit der Soße und den Kirschen serviert

Pigeon à la crapaudine Eine Taube wird in der Mitte aufgeschnitten und flachgedrückt, gesalzen, gepfeffert, paniert, gebacken und mit einer Weißwein- oder Tomatensoße serviert

Pintade (Pintadeau) au nid Gebratenes Perlhuhn in einem Nest aus Pommes frites

Poularde de Bresse rôtie Gebratenes Masthuhn aus Bourg-en-Bresse, berühmt für sein weißes Fleisch von besonderem Wohlgeschmack

Poularde à la broche Masthuhn, gesalzen, gepfeffert, mit Speck umwickelt und am Spieß gebraten

Poularde demi-deuil – Poularde à la lyonnaise Masthuhn, in Brühe mit Gemüsen gekocht, mit Trüffelscheiben und Gemüsen garniert

Poularde aux morilles Masthuhn mit einer Sahne-Morchelsoße

Poularde sautée à l'angevine Masthuhn, in Stücke zerteilt, in Butter gedünstet, in einer Soße aus Knoblauch, Zwiebeln, Thymian, Salz, Pfeffer, Champignons, Tomaten, trockenem Weißwein und Sahne mit grünen Bohnen, grünen Erbsen, Karotten und weißen Rüben serviert

Poulet en barbouille Spezialität aus Berry; ein Hühnchen in einer Soße aus Sahne, Hühnerbrühe, Eigelb und vielen Gewürzen; es wird mit der Hand gegessen, weil es so gut schmeckt, wobei man sich leicht etwas beschmiert; daher der Name ›en barbouille‹

Poulet de Bresse entier grillé à la broche Ganzes Hähnchen, am Spieß gegrillt

Poulet Célestine Hähnchen, in Stücke zerteilt, in Butter gebräunt und mit Champignons, Tomaten, Weißwein, etwas konzentrierter Fleischbrühe, Salz, Pfeffer, Cognac und

Cayennepfeffer gedünstet und in der Soße mit gehackter Petersilie und Knoblauch bestreut serviert

Poulet à l'estragon Hähnchen in einer Soße aus Weißwein, Salz, Pfeffer, Speck, Zwiebeln und Estragon

Poulet de grain grillé à l'américaine Hähnchen, das mit Körnern gefüttert wurde, zerteilt, paniert, gebacken und mit Reis, Champignons und gedünsteten Tomaten serviert

Poulet dauphinoise – Poulet en vessie Hähnchen, mit Trüffeln und Gänseleber gefüllt, in eine Schweinsblase gewickelt, in Hühnerbrühe mit Cognac, Madeira und etwas Weißwein mit Salz und Pfeffer gekocht

Râble de lièvre à la Piron Ein gespickter Hasenrücken wird zwei Tage mit Branntwein, Sellerie, Lorbeerblatt, Thymian, Knoblauch und Schalotten mariniert, mit Butter, Sahne und Marinade geschmort, mit frischen Weintrauben umlegt, mit Branntwein flambiert, auf eine heiße Platte gelegt und mit dem Bratenfond, der mit Sahne und etwas Senf verrührt wurde, bedeckt serviert

Sarcelle rôtie Kleine Wildente (Knäkente), gebraten und mit Orangen- und Zitronenvierteln garniert

Selle de chevreuil Rehrücken, meistens im Rohr oder am Spieß gebraten und mit Johannisbeergelee, Kastanienpüree und einer Wildsoße serviert

Sauces – Soßen

Soßen sollen ein Gericht vervollständigen, verfeinern, ihm den letzten Schliff geben. Wein, Sahne, Pilze, Kräuter, Gewürze, Zwiebel, Knoblauch, Öl, Butter und Ei dürfen den Ton angeben, auf keinen Fall aber das Mehl.
Die französische Küche kennt über tausend verschiedene Soßen, und große Restaurants haben einen eigenen ›saucier‹, einen Soßenkoch, von dem weitgehend die Qualität des Essens und damit der Ruf des Hauses abhängig sind.

Ailloli – Aioli Geschälte Knoblauchzehen werden im Mörser mit etwas Wasser, Salz und Eigelb zu einer feinen Paste zerstoßen, zu der man tropfenweise Olivenöl rührt

Beurre blanc Feingehackte Schalotten werden mit etwas Essig gedünstet, gesalzen, gepfeffert und vom Feuer genommen; darunter wird löffelweise weiche Butter gerührt

Beurre à la maître d'hôtel Schaumig geschlagene Butter, mit Salz, Pfeffer, gehackter Petersilie und Zitronensaft vermengt

Beurre noir Braune Butter, mit einem Spritzer Essig vermengt

Rouille Eine feurig-scharfe Soße aus der Provence; man zerstößt in einem Mörser Knoblauchzehen, rote Pfefferschoten und ein Stückchen altes Weißbrot mit Salz, gibt tropfenweise Öl und ein wenig Brühe (es kann auch Fischbrühe sein) dazu und färbt mit einem Löffel süßem Paprikapulver

Sauce béarnaise Im Wasserbad werden Butter, Eigelb, gehackte Schalotten, die in etwas Essig und Weißwein gedünstet wurden, Estragon, Petersilie, Kerbel und Pfeffer oder eine zerstoßene Pfefferschote angerührt

Sauce Bercy – Sauce marchand de vin – Beurre Bercy
Feingehackte Schalotten werden in Weißwein gedünstet und vom Feuer genommen; dazu rührt man mit dem Schneebesen weiche Butter und reichlich gehackte Petersilie

Sauce Colbert Soße aus Bratensaft, Butter, Madeira, gewürzt mit Cayennepfeffer, gehackter Petersilie, Muskat und etwas Zitronensaft

Sauce hollandaise Butter und Eigelb werden im Wasserbad verrührt und mit Salz, Pfeffer und etwas Zitronensaft gewürzt

Sauce rémoulade Unter eine gute Mayonnaise werden Senf und nach Geschmack gehackte Kapern, Schalotten, Knoblauch, Cornichons und Kräuter (z.B. Schnittlauch, Estragon, Petersilie, Kerbel) gerührt

Sauce vinaigrette Die Grundzutaten für diese Soße, die hauptsächlich zu Salaten gereicht wird, sind Öl, Essig, Salz und Pfeffer; dazu können feingehackte Schalotten, Kräuter, Senf, Eigelb, gehackte hartgekochte Eier oder geriebener Roquefort gemengt werden

Légumes et Salades –
Gemüse und Salate

Schon an der großen Zahl der Zubereitungsarten für Kartoffeln sieht man, was für eine wichtige Rolle das Gemüse in der französischen Küche spielt. Wenn auch in letzter Zeit immer mehr Fleischgerichte ›garni‹, also mit Gemüsebeilagen serviert werden, bleiben doch viele Gemüsegerichte ein mit viel Sorgfalt zubereiteter, selbständiger Gang.
Die ersten Frühgemüse, ›primeurs‹, kommen aus den ›marais‹; das sind besonders gut bewässerte Gebiete an der Loire und in der Provence: Spargel, Artischocken, kleine zarte Karotten, Bohnen und Erbsen, Blumenkohl, Fenchel und Tomaten, die in der Provence ›pommes d'amour‹ genannt werden.
Zwischen November und Februar werden im Périgord die schwarzen Trüffeln von besonders abgerichteten Schweinen und Hunden gesucht. Die schwarze Trüffel, auch ›diamant noir de la gourmandise‹, schwarzer Diamant der Schlemmerei genannt, enthält Stickstoff, Phosphor, Eisen, Kali und Schwefel; man schreibt ihr, roh in feine Scheiben geschnitten und in Weißwein oder Madeira mariniert, aphrodisische Eigenschaften zu.

Aligot – Alicot Kartoffelauflauf aus zerstampften Kartoffeln

Artichauts à la barigoule Artischocken, mit Weißwein, Olivenöl, Thymian, gehackter Zwiebel, Karotte, Lorbeerblatt, Zitronensaft, Salz, Pfeffer und Knoblauch gekocht, gefüllt mit einer Mischung aus geschnittenen Champignons und Schinken

Asperges à la flamande Spargel mit zerlassener Butter, gehacktem Ei, Petersilie, Salz und Pfeffer

Asperges à la Fontenelle Spargel mit Eiern und zerlassener, gepfefferter Butter

Aubergines en beignets Auberginenscheiben, in Backteig gewendet und in schwimmendem Öl gebacken

Aubergines à la provençale Gebackene Auberginenscheiben, mit gedünsteten Tomaten bedeckt, mit Petersilie und gehacktem Knoblauch bestreut, mit Öl begossen und in einer feuerfesten Pfanne im Rohr überbacken

Betteraves à la crème Rote Rüben mit Sahnesoße

Cardons au beurre Eßbare Disteln, ähnlich wie Artischocken, in Butter gedünstet

Cardons à la moelle Geschmorte Cardons mit Scheiben von Knochenmark, mit Schnittlauch bestreut

Carottes en purée Crécy – Purée de carottes briardes Karotten, mit Reis gekocht und durch ein Sieb gedrückt

Carottes à la Vichy Karotten, mit etwas Wasser, Salz und Zucker gekocht, in Butter geschwenkt

Cèpes à la bordelaise Steinpilze, manchmal auch ›bolets‹ genannt, in Olivenöl, mit Salz, Pfeffer, etwas Knoblauch, Schalotten, Schinken, Gänsefett oder Butter und gehackter Petersilie zubereitet

Cèpes limousine Steinpilze, mit Knoblauch, gehackter Zwiebel, Salz, Pfeffer gedünstet und mit frischer Sahne vermengt serviert

Champignons à la crème Champignons in Sahnesoße

Champignons de Paris (de couche) Zuchtchampignons

Champignons sautés à la bordelaise   Champignons, in Öl mit gehacktem Knoblauch oder Schalotten gebraten

Chanterelles au beurre – Girolles au beurre   Pfifferlinge, in Butter mit Knoblauch, Schalotten, Petersilie, Salz und Pfeffer gedünstet

Châtaignes sous la cendre   Kastanien, in heißer Asche gebacken; dazu wird ein Glas Weißwein getrunken

Chicorée   Zur Chicoree-Familie gehören: chicorée sauvage, chicorée frisée, barbe-decapucin, scarole, chicorée witloof, endive; alle Arten werden sowohl roh als Salat als auch gekocht gegessen

Chou-fleur à l'anglaise   Blumenkohl mit zerlassener Butter

Chou rouge à la limousine   Rotkraut mit Kastanien

Clavaires à la béchamel   Korallenförmige Pilze in feinen Scheiben in Bechamelsoße, mit feingehackten Schalotten, Muskatnuß, Salz und Pfeffer gewürzt

Cœurs d'artichauts au beurre – Cœurs d'artichauts à l'anglaise   Artischockenherzen mit zerlassener Butter und gehackter Petersilie

Cœurs de palmier à l'huile   Palmenherzen in Öl

Concombres farcis   Gurken, mit Fleischfülle und Speckscheiben im Rohr gebacken

Coulemelles – Lépiotes en fricassée   Schirmpilze, in Butter mit etwas Mehl, Kräutern, Salz und Pfeffer gedünstet, vor dem Servieren mit Eigelb gebunden und mit Zitronensaft beträufelt

Courge au beurre   Grüne, längliche Kürbisart, in Scheiben geschnitten, in Butter gedämpft und mit gehackter Petersilie bestreut

Courgettes niçoises Kleine, grüne, längliche Kürbisse, zusammen mit geschälten Tomaten, Zwiebeln, Basilikum, Petersilie und Olivenöl geschmort, gesalzen, gepfeffert und mit gehacktem, frischem Estragon bestreut, warm oder kalt serviert

Endives au jambon Chicoree, kurz abgekocht, in Schinkenscheiben gewickelt und auf einer feuerfesten Platte mit einer Sahne-Ei-Soße übergossen, mit etwas Käse bestreut und im Rohr überbacken

Endives meunières Chicoree, in Wasser abgekocht und in heißer Butter gebraten

Épinards en branches Spinatblätter, abgekocht und mit Butter, etwas Salz, Pfeffer und Muskat serviert

Épinards à la crème Spinat in Sahne

Fenouil Fenchel wird meistens in etwas Fleischbrühe mit Butter gedämpft

Fèves à la crème – Mojettes à la crème Frische Bohnenkerne in einer Sahnesoße

Flageolets Kleine, weißgrüne Bohnenkerne

Fonds d'artichauts aux fines herbes Artischockenböden, mit einer Fülle aus Ei, gehacktem Schinken, Schalotten, Petersilie und Estragon, mit Butterflocken und Semmelbröseln bestreut und überbacken

Fonds d'artichauts soufflés Auflauf von Artischockenböden

Galimafrée aux fèves – Cousinat Baskisches Gemüsegericht aus kleinen Zwiebeln, Artischockenböden, Bohnenkernen, grünen Bohnen, grünen Erbsen, Paprikaschoten, Tomaten, Kopfsalat, Schinken, Knoblauch, Weißwein und Bouillon

Grosnes Sehr bekömmliches Wurzelgemüse von ausgezeichnetem Geschmack, mit Butter, Sahne und verschiedenen Kräutern zubereitet

Haricots rouges au lard Rote Bohnenkerne, mit Zwiebel, Knoblauch, Lorbeerblatt, Karotten, Nelken, Thymian und Speck gekocht, gesalzen, gepfeffert, mit Speckscheiben, etwas Butter und gehackter Petersilie serviert

Haricots verts à l'anglaise – Haricots verts au beurre Grüne Bohnen mit Butter

Haricots verts à la française Grüne Bohnen, mit magerem Speck, Salatherzen und manchmal kleinen Zwiebeln gedünstet

Lactaires sur le gril Milchlinge, gegrillt und mit Butterflocken und gehackter Petersilie serviert

Laitues au jus Grüner Salat, in einer Soße aus Butter, Mehl und Fleischbrühe gedünstet, mit Pfeffer und Muskatnuß gewürzt

Légumes à la grecque Verschiedene Gemüsesorten, in einer Marinade aus Wein, Bouillon, Zitronensaft, Petersilie, Knoblauch, Salz, Pfeffer gekocht und, sobald erkaltet, darin mit Olivenöl serviert

Lentilles vertes du Puy Bei Feinschmeckern beliebte Linsensorte

Marrons en purée Kastanienpüree mit Fleischbrühe, Salz, Pfeffer und etwas Zucker

Mojettes Besonders schmackhafte weiße Bohnen

Morilles à la crème Morcheln in einer Soße aus Butter, Cognac, Sahne, Mehl, Salz, Pfeffer und etwas Zitronensaft

Morilles farcies à la forestière Gefüllte Morcheln nach Försterart (mit einer Fleischfülle)

Navets glacés   Kleine weiße Rüben, in Bouillon gedünstet, mit Butter und etwas Zucker karamelisiert und mit Pfeffer und Petersilie bestreut

Oignons frits   Zwiebelringe, in Milch und Mehl gewendet und in Fett schwimmend gebacken

Oseille   Sauerampfer, in Frankreich viel verwendet als Püree oder naturell zu Fisch, Eiern oder Kalbfleisch

Petits pois à l'anglaise   Grüne Erbsen mit Butter

Petits pois à la française   Frische grüne Erbsen mit Butter, kleinen Zwiebeln, Salatherzen, Speck, Salz, Pfeffer, etwas Zucker und Petersilie

Petits pois de la Planèze   Besonders zarte grüne Erbsen aus der Auvergne

Pissenlits au lard   Löwenzahnsalat mit Würfeln von ausgelassenem, durchwachsenem Speck

Poireau au lard   Lauch, mit durchwachsenem Speck, Butter und etwas Pfeffer langsam gedünstet

Poivrons à l'orientale   Paprikaschoten in Streifen geschnitten und in Olivenöl mit gehackten Zwiebeln, Knoblauch, Zitronensaft, Salz und Pfeffer gedünstet

Pommes allumettes   Kartoffeln in Streichholzform, in Fett schwimmend gebacken

Pommes de terre Anna   Bratkartoffeln aus rohen Kartoffelscheiben, in eine Kuchenform geschichtet, gesalzen, gepfeffert und mit Butter im Rohr gebacken

Pommes chips   Hauchdünne Kartoffelscheiben, in Fett schwimmend gebacken

Pommes de terre comtoises   Kartoffelauflauf mit Sahne und Käse

Pommes de terre dauphine   Kartoffelkroketten

Pommes de terre à la dauphinoise – Gratin dauphinois
Rohe Kartoffelscheiben werden mit Milch, geschlagenen
Eiern, geriebenem Käse, Salz, Pfeffer, Muskatnuß und etwas
Sahne vermengt, in eine feuerfeste, mit Knoblauch ausge-
riebene Form gefüllt, mit Butterflocken belegt und im Rohr
gebacken

Pommes de terre au four   Kartoffelwürfel mit Speck-
streifen, gehackten Zwiebeln, Knoblauch, Kräutern und
Salz vermengt, in einer feuerfesten, eingefetteten Form mit
Bouillon übergossen und im Rohr gebacken

Pommes frites   Kartoffelstäbchen, in Fett schwimmend
gebacken

Pommes gaufrettes   Waffelförmige Kartoffelscheiben, in
Fett schwimmend gebacken

Pommes de terre à l'huile   Kartoffelsalat

Pommes de terre nouvelles rissolées   Neue Kartoffeln,
geschält und in Fett gebräunt

Pommes de terre persillées   Kleine geschälte Peter-
silienkartoffeln

Pommes de terre poêlées   Geschälte Kartoffeln, in der
Pfanne gebraten

Pommes de terre en purée   Kartoffelpüree

Pommes de terre en robe des champs   Kartoffeln, in der
Schale gekocht

Pommes de terre sautées à cru   Rohe Kartoffeln in
Scheiben, mit Fett in der Pfanne gebraten

Pommes de terre soufflées   Aufgeblähte Kartoffelchips

Pommes de terre vapeur   Dampfkartoffeln

Primeurs du marais   Zartes Frühgemüse

Ratatouille   Gemischtes Gemüse aus Auberginen, gurken-
ähnlichen Kürbissen, Tomaten, Zwiebeln, Paprikaschoten
und Knoblauch, mit Olivenöl, Salz, Pfeffer, Petersilie,
Thymian und Lorbeerblatt

Salade composée   Salat mit verschiedenen Zutaten je nach
Jahreszeit

Salade demi-deuil   Salat aus Kartoffel- und Trüffelscheiben, mit Senf und Sahne angemacht

Salade à l'huile de noix   Salat, mit Walnußöl zubereitet

Salade japonaise – Salade Francillon   Salat mit Kartoffeln, Muscheln und Trüffelscheiben

Salade de lentilles   Linsensalat mit gehackten Zwiebeln,
Knoblauch, Karotten in Scheiben, scharfem Senf, Olivenöl,
gebratenen Speckscheiben und Petersilie

Salade niçoise   Salatplatte mit Tomaten, Paprikaschoten,
schwarzen Oliven, hartgekochten Eiern, Thunfisch in Öl,
Sardellen und manchmal grünen Bohnen

Salade russe   Salat aus gekochten Gemüsen, Kartoffeln
und Mayonnaise mit Scheiben von gepökelter Zunge oder
Wurst

Salade de saison   Salat der Jahreszeit

Salsifis à la provençale   Schwarzwurzeln, in Butter und
Öl gedünstet, mit Petersilie und Knoblauch gewürzt

Tomates farcies à la provençale   Tomaten mit Knoblauch, Zwiebeln und Petersilie gefüllt und auf einer gebut-
terten Form im Rohr gebacken

Truffado d'Aurillac Auflauf mit Kartoffelscheiben, Käse und Knoblauch

Truffes sous la cendre Frische Trüffeln, gesalzen, gepfeffert, mit Cognac begossen, in eine Speckscheibe gewickelt, in einer Silberfolie dicht verschlossen und in Asche gebacken

Truffes en feuilleté Trüffeln mit Hackfleisch, in Blätterteig gebacken

Dessert, Douceurs, Entremets – Zwischengerichte und Nachspeisen

Der Charakter der >entremets<, Zwischengerichte, hat im Laufe der Zeit mehrfache Wandlungen erfahren. Von artistischen Darbietungen über Tafelmusik zu >sorbets< und anderen Süßspeisen – Ludwig xiv liebte sie ganz besonders zwischen den Hauptgerichten – sind sie zum heutigen Nachtisch geworden.

Im Alltag beschließen Kompott oder frisches Obst die Mahlzeit der Franzosen. Pudding oder ein kleines Eis stehen jedoch auch in einfachen Gaststätten zur Wahl. In den großen, teuren Restaurants dagegen findet man eine Vielzahl von Entremets auf der Karte, die oft wahre Kunstwerke sind, wie sie nur ein französischer Koch zaubern kann.

Ananas frais au kirsch ou au marasquin Frische Ananas, mit Kirschwasser oder Maraschino getränkt

Angélique de Niort Engelskraut aus Niort, mit Zucker überzogen

Baba Hefegebäck, mit Rumsirup (Wasser, Zucker, Rum) getränkt

Bananes flambées In Butter gebackene, gezuckerte, mit Rum flambierte Bananen

Bavaroise Eisgekühlte Creme aus Milch, Eigelb, Zucker, Gelatine, Schlagsahne und verschiedenen Geschmackszutaten wie Vanille, Kaffee, Schokolade, Fruchtmark, Caramel oder Likör

Beignets de Mam-Goz Aus gekochten Kartoffeln, Milch, Butter, Mehl, Zucker, Zitronen- oder Orangenschale wird ein Teig bereitet und ausgerollt; daraus werden runde oder rautenförmige Plätzchen ausgestochen, in heißem Fett schwimmend gebacken und mit Zucker bestreut warm serviert

Beignets de pommes Apfelscheiben, in Backteig gewendet, in Fett schwimmend gebacken, mit Zucker bestreut warm serviert

Beignets soufflés – Pets-de-nonne – Soupirs-de-nonne Mit Puderzucker bestreute, kleine Brandteigkrapfen

Brioche Hefekuchen

Bûche du réveillon – Bûche de Noël Weihnachtstorte, Biskuittorte mit Schokoladen- oder Mokkacreme

Charlotte russe Likörgetränkte Löffelbiskuits mit Eiscreme

Clafoutis Obstkuchen; Pflaumen, Apfelscheiben oder Kirschen werden in eine Kuchenform gelegt, mit Teig bedeckt, im Rohr gebacken und warm serviert

Compotes Verschiedene Sorten Kompott aus frischen oder getrockneten Früchten

Corbeille de fruits Korb mit frischen Früchten

Cornets de Murat – Cornets à la crème Blätterteigtüten, mit Sahne oder Creme gefüllt

Coupe glacée Eisbecher mit Früchten und Sahne

Crème caramel Karamelpudding

Crème champenoise Creme aus Weißwein, Eiern, Zucker und Zitronenöl

96

Crème Sabayon   Creme aus Weißwein, Eigelb und Zucker

Crème vanille   Vanillepudding

Crêpes Mireille – Crêpes au caramel   Dünne Pfannkuchen mit Caramelsirup

Crêpes Suzette   Aus Mehl, Eiern, Milch, Öl, Mandarinen-
saft und Orangenlikör wird ein Teig gerührt, der mehrere
Stunden ruhen muß; aus Puderzucker, Butter, Mandarinen-
saft, geriebener Mandarinenschale und einem Löffel Orangenlikör wird eine Paste gerührt; aus dem Teig werden
ganz dünne Pfannkuchen gebacken, mit der Mandarinen-
butter bestrichen, zusammengefaltet und sehr heiß serviert;
in vielen Restaurants werden ›crêpes Suzette‹ am Tisch zubereitet und zum Abschluß mit Cognac und Curacao
flambiert

Éclair   Längliches Brandteiggebäck, gefüllt mit Sahne,
Vanille-, Kaffee- oder Schokoladencreme

Feuilletés aux fruits frais   Blätterteigtörtchen, mit frischen Früchten gefüllt

Flamri à la purée de cassis   Grießpudding, mit einem
Püree von schwarzen Johannisbeeren überzogen

Flan de poires tourangeau   Blätterteig mit in Zucker gekochten Birnen und einer Creme aus Milch, Sahne, Mehl,
Zucker und Eigelb, im Rohr gebacken

Fraises cardinal   Erdbeeren, mit Himbeergelee überzogen, mit Mandelsplittern bestreut, eisgekühlt serviert

**Fraises de Carpentras au sucre avec crème fraiche ou
Chantilly**   Frische Erdbeeren aus Carpentras mit Zucker
und Sahne oder Schlagsahne

Fraises ou framboises au champagne   Erdbeeren oder
Himbeeren, mit Zucker bestreut und mit eisgekühltem
Champagner übergossen

97

Fraises et framboises Chantilly Frische Walderdbeeren und Himbeeren, zu gleichen Teilen in einer Schüssel mit Weinbrand und einer Messerspitze Pfeffer mariniert und mit gezuckerter Schlagsahne serviert

Fruits Melba In Zuckersirup gekochte Früchte (Pfirsiche, Aprikosen oder Erdbeeren) auf Vanilleeis, mit Himbeerpüree überzogen

Fruits rafraîchis Salat von frischen Früchten, mit Zucker und Kirschwasser, Rum, Apfelschnaps oder Maraschino, eisgekühlt serviert

Galette charollaise Runder, flacher Kuchen, aus Mehl, Butter, Zucker, Mandeln, etwas Wasser und verschiedenen kandierten Früchten gebacken und mit Gelee von schwarzen Johannisbeeren serviert

Génoise aux cerises Buttercremetorte, mit kandierten Kirschen garniert

Givrées (orange, citron, mandarine) Orangen-, Zitronen- oder Mandarineneis in der Fruchtschale

Glace panachée Gemischtes Eis

Granité Eis aus Zucker, Wasser und Fruchtsaft

Marquise glacée Eisgekühlte Früchteschaumcreme

Melon de Schéhérazade Melone, mit Fruchtsalat aus Melonenfleisch, Pfirsich, Banane, Ananas, Himbeeren, Walderdbeeren und Zucker gefüllt, mit einer Mischung aus Sekt, Pfefferminzlikör, Kirschwasser und Maraschino übergossen und zugedeckt einige Stunden in zerstoßenem Eis gekühlt

Meringue Chantilly Eiweißschaumgebäck mit Schlagsahne

Meringue glacée Eiweißschaumgebäck, mit Eis gefüllt

Millats Stark zerkochte schwarze Kirschen

Milliard Torte mit Kirschen oder Trauben

Mousse au chocolat Eisgekühlte Schokoladenschaum-creme

Œufs à la neige Kleine Nocken aus mit Zucker geschlagenem Eischnee werden in Vanillemilch gekocht und auf einer eisgekühlten Vanillecreme serviert

Omelette Alaska – Omelette norvégienne Eis, mit einer Eiweißschaummasse überbacken

Omelette surprise brésilienne Auf eine feuerfeste Platte werden Kekse gelegt und mit Kaffee-Eis bedeckt; Eiweiß wird mit Zucker steif geschlagen, mit Kaffee vermengt und darüber verteilt; mit Mandelsplittern bestreut wird das Omelette im sehr heißen Rohr überbacken und am Tisch mit heißem Rum übergossen und flambiert

Parfait Halbgefrorenes aus Zuckersirup, Eigelb, Sahne, mit Geschmackszutaten wie Mandelmilch, Schokolade, Aprikose, Erdbeere, Mandarine usw.

Pastis landais Mit gekochten Backpflaumen gefüllter Kuchen

Petits fours Verschiedene kleine Törtchen

Pie à la rhubarbe Gedeckter Rhabarberkuchen

Pithiviers Blätterteiggebäck mit einer Fülle aus geriebenen Mandeln, Puderzucker, Ei, Butter und Rum

Poire belle Hélène Entweder eine in Zuckersirup gedünstete Birne auf Vanilleis, mit warmer Schokoladensoße überzogen, oder eine in Zuckersirup gedünstete Birne auf einem mit Kirschwasser getränkten Biskuitsockel, mit Vanillecreme bedeckt, mit Aprikosenmarmelade überzogen und mit Mandelsplittern bestreut

Poire Bourdaloue Birne, in Wasser mit Zucker gekocht, auf Vanilleeiscreme, mit gerösteten Mandelsplittern bestreut

Poires à la bourguignonne – Poires au vin rouge Birnen, in Rotwein mit Zucker gekocht

Pommes bonne femme Bratäpfel mit einer Butter-Vanillezuckerfüllung und Johannisbeergelee

Profiteroles Kleine Brandteigkuchen, mit Schlagsahne oder Creme gefüllt

Pruneaux d'Agen à l'armagnac Getrocknete Pflaumen, in Armagnac eingelegt

Raisiné de Courtenay Birnen- und Quittenstücke werden in Traubensaft gekocht, mit einem rumgetränkten Papier bedeckt, bis sie erkaltet sind und zu kleinen Hefekuchen serviert

Riz à l'impératrice Kalte Reisspeise aus gekochtem Reis mit Zucker, Sahne, Ei, Vanille, kandierten Früchten und manchmal Aprikosenmarmelade

Salade d'oranges Salat aus Orangenstückchen, Rosinen, Zucker und Rum

Sanciaux In schwimmendem Fett gebackene Honigküchlein

Savarin Ringförmiger Kuchen, mit Früchtesirup und Rum oder Kirschwasser getränkt und mit Schlagsahne oder Vanillecreme garniert

Sorbet Eis aus Zucker, Wasser, Eiweiß oder etwas Sahne, Fruchtsaft, Likör, Sekt, Wein oder Kirschwasser, manchmal aromatisiert mit Zitronenschale, Orangenschale oder Nelken

Soufflé praliné   Auflauf aus Milch, Zucker, Vanille, Mehl, Eiern, Butter und Mandeln

Soufflé Rothschild   Auflauf aus kandierten Früchten, mit Danziger Goldwasser und Vanille aromatisiert, mit frischen Erdbeeren garniert

Soufflé tous parfums   Auflauf in verschiedenen Geschmacksrichtungen

Tarte alsacienne   Torte mit Obst auf Vanillecreme

Tarte des sœurs Tatin – Tarte des demoiselles Tatin – Tarte à l'envers   Mürbeteigtorte mit in Butter und Zucker karamelisierten Apfelhälften

Tourte charollaise   Birnentorte mit Rahm

Tourte Gascogne   Blätterteigtorte, mit Apfelscheiben gefüllt, mit Armagnac aromatisiert

Tourteau pruné   Kuchen mit einer Garnitur aus Backpflaumen, mit Orangenblütenwasser aromatisiert

Vacherin   Rundes Eischneegebäck, mit Eis, Schlagsahne oder Creme gefüllt

Die Badeplätze in Frankreich

Bd. I
Mittelmeer, Korsika
5. Auflage, 156 Seiten,
84 Fotos, 17 Karten,

ADAC-Inspekteure haben die gesamte französische Küste kritisch getestet. Alle wichtigen Badeplätze sind genau beschrieben und bewertet. Wo kann man wohnen und essen, wo kann man Sport treiben und sich unterhalten, welche Strände sind für Kinder geeignet und vor welchen Orten muß gewarnt werden?

Bd. II
Atlantik
156 Seiten, 67 Fotos, 8 Karten,

Erhältlich im Buchhandel
und beim ADAC

Fruits – Früchte

Airelle Heidelbeere

Airelle myrtille Blaubeere

Airelle rouge Preiselbeere

Amande Mandel

Ananas Ananas

Apricot Aprikose

Aveline – Noisette
Haselnuß

Avocat Avocado

Banane Banane

Brugnon Kreuzung
zwischen Pflaume und
Pfirsich, Nektarine

Cacahuète – Arachide
Erdnuß

Cantaloup sehr aromatische Melone mit orangefarbenem Fleisch

Cassis schwarze Johannisbeere

Cerise Kirsche

Chasselas – Moissac
besonders gute Tafeltrauben (weiß)

Châtaigne – Marron
Kastanie

Citron Zitrone

Coing Quitte

Datte Dattel

Figue Feige

Figue de Marseille kleine, grüne, besonders saftige
und süße Feige

Fraise Erdbeere

Fraise des bois Walderdbeere

Framboise Himbeere

Grape-fruit – Pampelmousse Pampelmuse

Grenade Granatapfel

Griotte Sauerkirsche

Groseille rouge
Johannisbeere (rot)

Groseille à maquereau
Stachelbeere

Mandarine Mandarine

Melon Melone

Melon d'eau – Pastèque
Wassermelone

Melon brodé Netzmelone

Mûre sauvage Brom-
beere

Nèfle Mistelbeere

Noix Walnuß

Noix de coco Kokosnuß

Orange Apfelsine

Pêche Pfirsich

Pistache Pistazie

Poire Birne

Pomme Apfel

Prune Pflaume

Pruneau Dörrpflaume

Quetsche Zwetschge

Raisins de table Weintrauben für die Tafel

Reine-claude Kleine,
gelbe, runde Pflaume

Rhubarbe Rhabarber

Épices – Gewürze

Ail   Knoblauch

Aneth   Dill

Anis   Anis

Armoise   Beifuß

Baies de genièvre
Wacholderbeeren

Basilic   Basilikum

Bourrache   Borretsch

Cannelle   Zimt

Câpres   Kapern

Cary – Carry   Curry

Cerfeuil   Kerbel

Ciboulette – Civette
Schnittlauch

Clou de girofle   Nelke

Cumin   Kümmel

Échalote   Schalotte

Estragon   Estragon

Fenouil   Fenchel

Feuille de laurier   Lor-
beerblatt

Fines herbes   Kräuter-
gemisch

Gingembre   Ingwer

Macis   Muskatblüte

Marjolaine   Majoran

Menthe   Minze

Moutarde   Senf

Noix de muscade   Mus-
katnuß

Oignon   Zwiebel

Origan   wilder Majoran

Paprique – Paprika
Paprika

Persil   Petersilie

Poivre   Pfeffer

Romarin   Rosmarin

Safran   Safran

Sariette   Bohnenkraut

Sauge   Salbei

Sel   Salz

Thym   Thymian

Vanille   Vanille

Fromages – Käse

Alle in Frankreich hergestellten Käsesorten aufzuzählen, ist praktisch unmöglich. Deshalb werden hier nur die wichtigsten Sorten aufgeführt. Im Larousse werden 750 genannt, wahrscheinlich gibt es aber mindestens 1000. Zum Vergleich: Die ganze übrige Welt produziert nur 400 verschiedene Arten.

Es gibt drei große Kategorien:

›fromages frais‹, Frischkäse, die gesalzen, mit Kräutern angemacht oder auch gezuckert und mit Sahne übergossen serviert werden;

›fromages fondus‹, Schmelzkäse;

›fromages fermentés‹, Käse, die einen Gärungsprozeß durchgemacht haben. Man unterteilt sie in: ›fromages à pâte molle‹, z.B. Camembert, Brie oder Livarot; ›fromages à pâte pressée‹, z.B. Cantal, Reblochon oder Port-Salut; ›fromages à pâte pressée cuite‹, z.B. Beaufort, Comté, Gruyère.

In Frankreich wird Käse zwischen Hauptgericht und Süßspeise gereicht. Es ist üblich, von mehreren Sorten zu nehmen. Dabei kann man ausgezeichnete regionale Käsesorten kennenlernen.

Allgemeine Speisekartenhinweise

Fromages assortis   Große Auswahl an Käsen

Fromages d'ici   Käse aus der Gegend

Fromages variés   Verschiedene Käsesorten

Ronde des fromages   Platte mit verschiedenen Käsesorten zur Auswahl

Alsace

Munster Scharfer, aromatischer Käse; mit etwas Kümmel ist er bekömmlicher

Auvergne

Bleu d'Auvergne – Fourme d'Ambert Blaugrüngeäderter Käse aus Kuhmilch

Saint-Nectaire Sehr guter, fester Käse aus Kuhmilch, der auf Roggenstroh reift

Béarn

Oloron – Vallée d'Ossau Cremiger Käse aus Schafsmilch

Berry

Crottin de Chavignol Runder Ziegenkäse

Selle-sur-Cher Ziegenkäse, der in Salz und Holzkohlenpulver gewendet wird und dann reift

Bretagne

Port-du-Salut – Entrammes Runder, sehr schmackhafter Käse aus Kuhmilch; er hat keine Ähnlichkeit mit dem in Deutschland angebotenen Port-Salut

Bourgogne

Epoisses Weicher Käse aus der Milch einer besonderen Kuhrasse (›pie rouge de l'Est‹), oft mit schwarzem Pfeffer, Fenchel oder Nelken gewürzt

Laumes Käse aus Kuhmilch, der mit Weinbrand oder einer Mischung aus Kaffee und Wasser gewaschen wird

Champagne

Chaource Leicht körniger Käse aus Kuhmilch mit würzigem, nußartigem Geschmack

Riceys – Champenois Weicher Käse aus Kuhmilch, der vielfach in Asche von Rebholz gelegt wird

Corse

Asco Käse aus Schafsmilch oder einer Mischung von Schafs- und Ziegenmilch

Niolo Viereckiger Käse aus Schafs- oder Ziegenmilch

Venaco – Venacais Ziegenkäse mit starkem Aroma

Dauphiné

Picodon de Dieulefit Pikanter Käse aus Ziegenmilch, der in Steinguttöpfen reift

Saint-Marcellin Weicher Käse aus einer Mischung von Kuh- und Ziegenmilch

Franche-Comté

Croix-d'Or Kleiner pikanter Ziegenkäse

Gruyère de Comté – Comté Fester Käse aus Kuhmilch, geschmacklich zwischen Emmentaler und Gruyère

Septmoncel – Bleu de Septmoncel Ein ›fromage persillé‹, blaugrüngeädert, aus Kuhmilch; mit Petersilie hat er nichts zu tun

Île-de-France

Brie – Coulommiers – Brie de Melun – Brie de Meaux
Käse aus Kuhmilch, zart und delikat im Geschmack

Languedoc

Cierp de Luchon Käse aus Kuhmilch, manchmal auch aus Schafsmilch, der nach langer Lagerung sehr trocken und scharf wird

Roquefort Blaugrüngeäderter, scharfer Käse aus Schafsmilch; die Äderung wird von einem Pilz, dem Penicillium roqueforti, bewirkt

Lyonnais
Mont d'Or Früher ein ganz hervorragender Käse aus Ziegenmilch, heute aus Kuhmilch hergestellt

Rigotte de Condrieu Kleiner Käse aus Ziegen- und Kuhmilch

Mâconnais
Chevretons de Mâcon Kleine Ziegenkäse

Marche
Guéret – Creusois Weicher, cremiger Käse aus 80% Kuhmilch und 20% Ziegenmilch

Nivernais
Decize Frischkäse aus Kuhmilch

Glux Frischkäse aus Ziegenmilch

Normandie
Brillat-Savarin Runder, milder, fetter Käse aus Kuhmilch

Fin de Siècle Runder, fettreicher Käse aus Kuhmilch

Livarot Runder, scharfer Käse aus Kuhmilch

Monsieur fromage Kleiner, runder, delikater Käse aus Kuhmilch

Pont-l'Évêque Viereckiger, weicher, aromatischer Käse aus Kuhmilch

Orléannais
Olivet bleu Weicher, wenig gesalzener Käse aus Kuhmilch, der manchmal noch in Wein- oder Platanenblätter gewickelt wird

Olivet cendré   Trockener Käse aus Kuhmilch, der in der Asche von Rebstöcken aufbewahrt wird

Pithiviers au foin   Weicher Käse aus Kuhmilch, der in Heu oder Stroh gelegt wird

Picardie

Rollot   Weicher, köstlicher Käse aus Kuhmilch, herzförmig oder rund mit rötlicher Rinde

Poitou

Chabichou   Ziegenkäse

Mothe-Saint-Héraye   Ziegenkäse, der auf Platanenblättern reift

Provence

Banon   Dieser Käse wird im Winter aus Schafsmilch und im Frühling aus Ziegenmilch hergestellt, mit in Weinbrand getränkten Kastanienblättern umwickelt, mit Nadelpalmbast verschnürt und in Steinkrügen bis zur Reife aufbewahrt

Camargue – Gardian – Tomme d'Arles   Aromatischer Käse aus Schafsmilch, mit Thymian und Lorbeerblatt garniert

Poivre-d'âne   Ziegenkäse, der mit Pfefferkraut-Bohnenkraut und Rosmarin gewürzt ist

Quercy

Cabécou d'Entraygues   Kleiner flacher Käse aus Ziegenmilch, manchmal auch aus Schafsmilch

Rocamadour   Ursprünglich ein reiner Schafskäse, heute aus Kuhmilch mit einer Zugabe von Schafs- oder Ziegenmilch

Savoie

Persillé de Savoie   Käse aus Ziegenmilch, manchmal mit Kuhmilch gemischt, der von blaßgrünen Streifen durchzogen ist

Reblochon   Milder Butterkäse aus Kuhmilch mit orangefarbener Rinde

Tomme au marc – Fondu au marc – Tomme aux raisins – La Grappe   Milder Käse, der von ›marc‹, Kernen ausgepreßter Trauben, umgeben ist und aus einer Mischung von Kuh- und Ziegenmilch hergestellt wird

Tomme de Savoie   Großer, zarter, halbweicher Käse aus Kuhmilch

Vacherin   Weicher Käse aus Kuhmilch, der in Tannen- oder Vogelbeerbaumrinde gehüllt ist

Thiérache

Maroilles – Mignon – Sorbais – Manicamp – Quart Maroilles – Gris de Lille – Vieux Lille   Viereckiger Käse aus Kuhmilch in verschiedenen Größen, halbfett bis vollfett

Tourain

Sainte-Maure   Ziegenkäse in Zylinderform

Trôo   Ziegenkäse, der in Pflanzenasche reift

Vins – Weine

»Tous les méchants sont buveurs d'eau«, »Alle bösen Menschen sind Wassertrinker«, heißt es in einem Chanson des Comte de Ségur; er wollte damit sagen, wie zufrieden und gutgelaunt der französische Wein die Menschen macht.
Es ist für den Laien nicht leicht, sich in dem Labyrinth von Namen, Jahrgängen und Gebietsbezeichnungen zurechtzufinden. Weine werden aus den zehn wichtigsten Rebsorten Frankreichs gekeltert und verschnitten:
Cabernet, Sauvignon, Carignan, Gamay, Grenache und Pinot noir für Rotweine
Chardonnay, Sauvignon blanc, Chein blanc, Rießling, Ugni blanc für Weißweine

Sie sind klassifiziert als:
›vins de pays‹, Landweine, die sowohl angenehm als auch unangenehm überraschen können;
›vins délimités de qualité supérieure‹, Abkürzung V.D.Q.S. Weine von gehobener Qualität und Weine mit kontrollierter Ursprungsbezeichnung;
›appellation d'origine contrôlée‹, Abkürzung A.O.C. oder A.C.; diese Weine sind die großen Weine Frankreichs; zu ihnen gehören auch die Abfüllungen der Schlösser und Domänen.

Für die Qualität spielen so viele Faktoren eine Rolle, daß man eigentlich erst nach dem ersten Schluck feststellen kann, wie gut ein Wein wirklich ist.
Weine mit Angabe der Alkoholgrade sind immer einfache Weine. Weine ohne Jahrgangsangabe aus der Bourgogne sind oft von ausgezeichneter Qualität; denn bei ihnen sind verschiedene Jahrgänge harmonisch vereint.

Alsace

Weißweine

Riesling de Riquewihr, Riesling de Ribeauvillé, Riesling de Molsheim

Muscat de Riquewihr

Traminer und Sylvaner de Barr

Gewürztraminer, Brandt de Turckheim, Rangen de Thann, Gries d'Ammerschwihr, Gentil de Ribeauvillé

Anjou

Weißweine

Coteaux du Layon, Coteaux de la Loire, Coteaux de Saumur; sehr gute, interessante Weine

Roséweine

Cabernet, Rosé d'Anjou

Beaujolais

Rotweine

Moulin-à-vent, Chénas, Juliénas, Fleurie, Chiroubles, Morgon, Brouilly; Beaujolaisweine sind leicht, süffig und fruchtig; sie werden jung getrunken

Bordelais

Rotweine (Médoc)

Château-Lafitte, Château-Margaux, Château-Latour, Château-Mouton-Rothschild, Château-Rauzan-Ségla, Château-Rauzan-Gassiès, Château-Léoville-Poyferré, Château-Leoville-Barton, Chateau-Durfort-Vivens, Château-Gruaud-Larose

Rotweine (Graves)

Château-Haut-Brion, Château-La Mission-Haut-Brion

Rotweine (Saint-Émilion)

Château-Ausone, Château-Belair, Château-Canon, Clos Fourtet, Château-Pavie, Château-La Gaffelière-Naudes,

Château-Trottevieille, Château-Vilmaurine, Château-Tertre-Daugay, Château-de-Soutard, Château-Cheval-Blanc, Château-Cap de Mourlin

Rotweine (Pomerol)
Château-Petrus, Château-Certan, Château-La Conseillante, Château-Petit-Village, Château-Trotanoy

Weißweine (Sauternes)
Château-Yquem, Château-Filhot, Château-La Tour-Blanche, Château-Lafaurie-Peyraguey, Château-de-Rayne-Vigneau, Château-Rabaud, Château-Suduiraut, Château-Haut-Peyraguey, Château-Gilette

Weißweine (Barsac)
Château-Coutet, Château-Climens

Bourgogne
Weißweine
Montrachet (Chevalier et Bâtard)
Meursault (Perrières, Genevrières, Charmes et Goutted'Or)
Clos blanc de Vougeot
Chablis (Vaudésir, les Preuses, les Clos, les Grenouilles, Valmur, Blanchots)

Rotweine (Côte de Nuits)
Chambertin (Clos de Bèze, les Latricières, les Charmes, Saint-Jacques)
Morey (Clos de Tart, Clos de la Roche, Clos Saint-Denis)
Clos de Vougeot
Les grands Echezeaux, les Echezeaux-du-Dessus (Flagey)
La Romanée-Conti, la Romanée, la Romanée-Saint-Vivant, les Richebourg, la Tache, les Malconsorts
Les Saint-Georges, les Vaucrains, les Pruliers, les Cailles, les Porrets oder Poirets (Nuits-Saint-Georges)
Les Didiers, les Forêts, les Corvées, les Corvées Pagets, le Clos de la Maréchale (Premeaux)

Rotweine (Côte de Beaune)

Le Corton, Clos du Roi, les Renardes, les Bressandes, les Grèves (Aloxe)

Les Vergelesses, les Marconnets hauts et bas, les Jarrous (Savigny-les-Beaune)

Les Marconnets, les Fèves, les Bressandes, les Grèves, les Cras, le Clos de La Mousse, le Clos des Mouches, les Aigrots, les Avaux (Beaune)

Les Epenots, les Rugiens (Pommard), les Fremiets, les Champans, les Caillerets, les Angles (Volnay)

Les Champs-Fulliots, la Taupine (Monthélie)

Les Duresses (Auxey-le-Grand)

Les Gravières (Santenay)

Centre (Povilly-sur-Loire, Quincy, Reuilly, Sancerre)

Weißweine

Pouilly-sur-Loire, ein zarter, leichter Wein: Quincy, lebhaft und trocken; Reuilly, frisch und trocken; Sancerre, fruchtiger Wein, der jung getrunken werden muß

Champagne

Ein ›Champagner‹ wird nicht nach der Anbaufläche benannt, sondern nach dem Hause, das ihn herstellt; ›Champagnes‹ werden aus weißen und roten Trauben (meistens 75% rot und 25% weiß) hergestellt, ›blanc de blanc‹ nur aus weißen Trauben, ›blanc de noir‹ nur aus roten Trauben; das Rezept des Verschnitts (›cuvée‹) wird von den einzelnen Häusern streng geheimgehalten.

Côtes-du-Rhône

Rotweine

Côte-rôtie, Hermitage, Châteauneuf-du-Pape

Weißweine

Condrieu, Château-Grillet, Châteauneuf-du-Pape, Saint-Péray

Roséweine
Tavel

Jura
Weißweine
Arbois, Poligny, Menetru, Pupillin

Strohweine (vins jaunes)
Arbois, Château-Chalon; diese gelben Weine haben Ähnlichkeit mit Sherry; sie lagern mindestens 6 Jahre im Faß; Château-Chalon zählt zu den größten Weinen Frankreichs

Mâconnais
Pouilly-Fuissé (Weißweine)

Montbazillac
Weiße, süße Dessertweine

Muscadet
Weißweine, die von sehr guter Qualität sein können und jung getrunken werden sollen

Roussillon
Natursüße Weine: Grenache (rosé), Muscat, Banyuls, Rancio (im Faß gereifter Wein)

Touraine
Weißweine
Vouvray nature (stiller Wein), Vouvray pétilant oder mousseux (Schaumwein); Montlouis ist ebenfalls ein Wein, den es still und perlend gibt

Rotweine
Bourgueil, Chinon

Eaux-de-vie   Weinbrand und Schnäpse

Cognac, der berühmteste französische Branntwein, stammt aus einem genau begrenzten Gebiet und wird nach Qualität und Herkunft in folgende Zonen unterteilt und entsprechend benannt:

Grande Champagne	Bons bois
Petite Champagne	Bois à terroir
Borderies	Bois ordinaires
Fins bois	Bois communs

›fine champagne‹ ist eine Mischung aus ›grande champagne‹ (mindestens 50%) und ›petite champagne‹. Cognac reift in Eichenfässern. Seine Qualität ändert sich nach der Abfüllung nicht mehr; er kann also durch die Lagerung in Flaschen nicht wertvoller werden. Ein Drei-Sterne-Cognac war mindestens achtzehn Monate im Faß, die Bezeichnung V.S.O.P., ›very special old pale‹, bedeutet eine Lagerung von mindestens fünf Jahren im Faß.

Armagnac ist ein weicher Branntwein aus einem ebenfalls genau begrenzten Gebiet. Marc, ein klarer Schnaps, wird aus Kelterrückständen gewonnen. Marc de Champagne, ebenfalls ein klarer Schnaps, wird aus Wein gebrannt.

Von hervorragender Qualität können die ›eaux-de-vie blanches‹, die klaren Fruchtschnäpse, sein:

Eau-de-vie de cidre – Calvados   Apfelbranntwein

Eau-de-vie de coings   Quittenschnaps

Eau-de-vie de framboise   Himbeergeist

Eau-de-vie de kirsch   Kirschwasser

Eau-de-vie de mirabelle   Mirabellenschnaps

Eau-de-vie de myrtille   Heidelbeerschnaps

Eau-de-vie de poire   Birnenschnaps

Eau-de-vie-de quetsche   Zwetschgenwasser

Eau-de-vie de reine-claude   Schnaps aus Reineclauden

Eau-de-vie de sureau   Hollunderbeerschnaps

Wörterverzeichnis französisch–deutsch

addition Rechnung
agneau, agnelle Lamm
aigrefin Schellfisch
ail Knoblauch
airelles Heidelbeeren
airelles myrtilles Blaubeeren
airelles rouges Preiselbeeren
alcool Alkohol
alose Maifisch
alouette Lerche
aloyau Lendenstück, Rückenstück
amandes Mandeln
ananas Ananas
anchois Anchovis
andouille Wurstart
andouillette Bratwurst
aneth Dill
anguille Aal
angulas Aalbrut
anis Anis
appétit Appetit
apricots Aprikosen
arachides Erdnüsse
armoise Beifuß
armoricaines Belon-Austern
artichauts Artischocken
asperges Spargel
assiette Teller
assortiment Auswahl, Sorti-
ment
aubergines Auberginen
avec mit
avelines Haselnüsse
avocato Avocados

baies de genièvre Wacholderbeeren
ballotine Roulade
bananes Bananen
bar Seebarsch
barbeau Flußbarbe
barbue Glattbutt
basilic Basilikum
bec-plat Sumpfente
bécasse Waldschnepfe

beignets Pfannengebäck,
Krapfen
bêterousse Wildschwein
(6–12 Monate)
betteraves Rote Rüben, Rote
Bete
beurre Butter
bière Bier
bifteck Beefsteak
bigorneaux Meerschnecken
bisque Kraftsuppe (mit Fisch
oder Geflügel)
blanc weiß
bleu blau
bœuf Ochse, Rind
boisson Getränk
boudin Blutwurst, Rotwurst
boudin blanc Weißwurst
bouilli gesotten, gekocht
bouillon Fleischbrühe
bourrache Borretsch
bouteille Flasche
braisé geschmort
brème Streifenbrasse
brioche Hefekuchen, Art
Windbeutel
broche Bratspieß
brochet Hecht
brochette kleiner Bratspieß
brugnons Kreuzung zwischen
Pflaume und Pfirsich
bucardes coques Herz-
muscheln
buffet Büffet, Anrichte

cabillaud Kabeljau
cacahuètes Erdnüsse
café Kaffee
café express Espresso
cagouillards Herzmuscheln
caille Wachtel
calmar Tintenfisch
camomille Kamille
canard Ente
canard sauvage Wildente
cancalaises Belon-Austern
cannelle Zimt

caneton junge Ente
cantaloup aromatische Melonenart
câpres Kapern
carafe Glaskaraffe
caramel Karamel
cardons eßbare Disteln
carottes Karotten
carpe Karpfen
carré Rückenstück
carry, cary Curry
carte Speisekarte
carte du jour Tageskarte
cassis schwarze Johannisbeeren
caviar Kaviar
céleri Bleichsellerie
célerie-rave Knollensellerie
cendre Asche
cèpes Steinpilze
cerfeuil Kerbel
cerises Kirschen
cervelle Hirn
champagne Champagner, Sekt
champignons Champignons
changement Änderung
chanterelles Pfifferlinge
chapon Kapaun
charcuterie (Schweine-)-Fleischwaren
châtaignes eßbare Kastanien
chaud warm
chausson Blätterteigtörtchen
cher teuer
chèvre Ziege
chevreau Zicklein
chevreuil Reh
chicorée Chicoree
chocolat Schokolade
choix Auswahl, Wahl
chou Kohl
chou blanc Weißkraut
chou frisé Wirsingkohl
chou de Milan Wirsingkohl
chou pommé Weißkraut

chou rouge Rotkohl, Blaukraut
chou vert Grünkohl
choucroute Sauerkraut
choux de Bruxelles Rosenkohl
chou-fleur Blumenkohl
chou-navets Kohlrüben
chou-rave Kohlrabi
ciboulette Schnittlauch
cidre Apfelwein
citron Zitrone
citrouille Kürbis
civelles Aalbrut
cive, civette Schnittlauch
clapier Hauskaninchen
clavaires korallenförmige Pilze
clou de girofle Nelke
clovisses Muschelart
cochonaille Schweinswurst, Schweinefleisch
coco Kokosnuß
cocotte feuerfeste Form, Kasserolle
cœur Herz
cœurs de palmier Palmenherzen
coing Quitte
colin Seehecht
commande Bestellung
commander bestellen
compote Kompott
concombre Gurke
confit Eingemachtes, Eingelegtes
congre Meeraal
consommé Kraftbrühe
coq Hahn
coq de bruyère Auerhahn
coquelet Hähnchen
coquillages Muscheln
coquille Muschelschale, Jakobsmuschel
cornet Tüte
cornichons Essiggürkchen (süßsauer)
côte Rippe, Rippenstück

côtelette   Kotelett
couennes   (Schweine-)-
  Schwarten
coulemelles   Schirmpilze
coupe   Becher, Pokal
courge   Kürbisart
courgettes   kleine Kürbisse
couteau   Messer
couvert   Gedeck
crabes   Krabben
crème   Creme
crêpe   dünner Pfannkuchen
cresson   Kresse
crevettes   Garnelen, Krabben
croustade   warme Pastete
croûte   Röstbrotscheibe, Teigkruste
cru   roh
crustacés   Schalentiere
cuillère   Löffel
cuisine   Küche
cuisinier   Koch
cuisse   Schenkel
cuit   gebraten, gebacken,
  gekocht
curry   Curry

dattes   Datteln
décaféiné   coffeinfrei
déguster   probieren, kosten
déjeuner   Mittagessen
demi   halb
dessert   Nachspeise, Nachtisch
diabétique   Diabetiker
dinde, dindon   Truthenne,
  Pute
dindonneau   junge Pute
dîner   Abendessen
dorade   Goldbrasse
douceurs   Süßspeisen
doux   süß
dur   hart

eau   Wasser
eau de Seltz   Sodawasser
eau-de-vie   Branntwein,
  Schnaps

eaux minérales   Mineral-
  wasser
échalote   Schalotte
échine   Halsgrat, Rückgrat
éclair   Brandteiggebäck
écrevisses   Krebse
églefin   Schellfisch
en sus   zusätzlich
endives   Chicoree
entrées   Eingangsgerichte
entrecôte   Lendenstück, Filetstück
entremets   Zwischengerichte,
  Süßspeisen
épaule   Schulterstück
éperlan   Seestinte
épinards   Spinat
erreur   Versehen
escalope   Schnitzel
escargots   (Weinberg-)-
  Schnecken
estragon   Estragon
esturgeon   Stör

faim   Hunger
faisan   Fasan
farci   gefüllt
fenouil   Fenchel
féra   Sandfelchen
feu   Feuer
feu de bois   Holzkohlenfeuer
feuille   Blatt
feuilleté   Blätterteig(-Pastete)
fèves   frische Bohnenkerne
figues   Feigen
filet   Filet
filtre   Filter
fin   fein
fines herbes   Kräutergemisch
flageolets   weißgrüne Bohnenkerne
flambé   flambiert
flan   Fladen, Torte
flandre (flet, flondre)   Flunder
flétan   Heilbutt
foie   Leber
foie gras   Gänseleber

fonds d'artichauts Artischockenböden
four Ofen, Backofen
fourchette Gabel
frais frisch
fraises Erdbeeren
fraises de bois Walderdbeeren
framboises Himbeeren
fricassée Frikassee
frit gebacken
friture Gebackenes
froid kalt
fromage Käse
fruits Früchte, Obst
fruits de mer Meeresfrüchte
fumé geräuchert
fût Faß

galantine Sülzgericht
garçon Kellner
garni mit Beilagen
garniture Beilage
gâteau Kuchen
gaufrettes Waffeln
gaz Gas, Kohlensäure
gazeuse mit Kohlensäure
gelée Gelee
geline Huhn
gelinotte Haselhuhn
gibier Wild
gigot Schenkel
gingembre Ingwer
girolles Pfifferlinge
glace Eis, Eisgericht
glacé eiskalt, gefroren
gougère Käsekuchen
goujons Gründlinge
goulache Gulasch
goût Geschmack
graisse Fett
grape-fruit Grapefruit, Pampelmuse
gras fett
grenade Granatapfel
grenadine Granatapfelsirup
grenouille Frosch

gril Grill, Bratrost
grillade Gegrilltes
grillé gegrillt, gebraten
griottes Sauerkirschen
grive Drossel, Krammetsvogel
grondin Knurrhahn
groseilles à maquereau Stachelbeeren
groseilles rouges rote Johannisbeeren
grosnes Wurzelgemüse
grosseur Größe

hareng Hering
haricots rouges rote Bohnenkerne
haricots verts grüne Bohnen
herbes Kräuter
homard Hummer
hors-d'œuvre Vorspeise
houblon Hopfen
huile Öl, Olivenöl
huîtres Austern
hure Kopf

infusion Aufguß, Tee
inmangeable ungenießbar

jambon Schinken
jaourt (yoghourt) Joghurt
jus Saft

kir Weißwein mit schwarzem Johannisbeerlikör

lactaires Milchlinge (Pilze)
lait Milch
lait de beurre Buttermilch
lait écrémé Magermilch
lait entier Vollmilch
laitues grüner Salat
lamproie Neunauge
langoustes Langusten
langue Zunge
lapereau junges Kaninchen

lapin Kaninchen
lapin de garenne Wild-
kaninchen
lapin domestique Haus-
kaninchen
lard Speck
laurier Lorbeer
lavignons Pfeffermuscheln
léger leicht
légume Gemüse
lentilles Linsen
lépiotes Schirmpilze
lièvre Hase
limande Rotzunge, Kliesche
liqueur Likör
lotte Quappe, Rutte, Seeteufel
loup Wolfsbarsch

macis Muskatblüte
maigre mager
maison Haus
mandarines Mandarinen
manger essen
maquereau Makrele
marcassin Frischling, junges
Wildschwein (bis 6 Monate)
marjolaine Majoran
marrons Maroni, Eßkastanien
mauviette Feldlerche
mélisse Melisse
melon Melone
melon brodé Netzmelone
melon d'eau Wassermelone
menthe Minze, Pfefferminze
menu Menü
meringue Eiweißschaum-
gebäck
merlan Wittling
merle Schwarzdrossel
moelle Knochenmark
mojettes weiße Bohnenkerne
mollet weich, zart
mollusques Muscheln
morilles Morcheln
morue Stockfisch
mostèle dorschartiger Fisch
mou Lunge

moules Miesmuscheln
mousse Schaum, Creme
mousseline Sahnecreme
mousserons Ritterlinge
(Pilze)
mousseux schäumend
moutarde Senf
mouton Hammel
mûres sauvages Brombeeren
mulet Meeräsche
museau Maul

nage, à la schwimmend
nature Natur
navets kleine weiße Rüben
nèfles Mispelbeeren
noir schwarz
noisettes Haselnüsse
noix Walnuß
noix de coco Kokosnuß
noix de muscade Muskatnuß
noix de veau Kalbsnuß
nonnats kleine Mittelmeer-
fische

œuf Ei
œufs brouillés Rühreier
oie Gans
oignon Zwiebel
oiseau Vogel
oison junge Gans
olives Oliven
omble Saibling
omelette Omelett
orange Apfelsine, Orange
ordinaire einfach, gewöhn-
lich
oreilles de porc Schweinsohren
origan wilder Majoran
ortolan Fettammer
oseille Sauerampfer
oursins Seeigel

pain Brot
palombe Ringeltaube
palourdes Muschelart

pampelmousse Pampelmuse, Grapefruit
papillote Wickel
paprique Paprika (Gewürz)
pâtes Teigwaren
pâtés Pasteten
pâtisserie Kuchenbäckerei, Gebäck
patron Wirt
pêches Pfirsiche
perche Süßwasserbarsch
perdreau junges Rebhuhn
perdrix Rebhuhn
persil Petersilie
petit klein
petit déjeuner Frühstück
petits pois grüne Erbsen
pibales Aalbrut
pichet Kanne, Krug
pièce Stück
pied Fuß
pigeon Taube
pintade Perlhuhn
pintadeau junges Perlhuhn
pissenlit Löwenzahn
pistaches Pistazien
plat Gericht
pluvier Regenpfeifer
poché gekocht
poires Birnen
pois Erbsen
pois chiches Kichererbsen
poisson Fisch
poitrine Brust
poivre Pfeffer
poireau Lauch
poivrons Paprikaschoten
pommes Äpfel
pommes de terre Kartoffeln
porc Schwein
pot Topf
potage Suppe
potiron Kürbis
poularde Masthuhn
poule Henne, Huhn
poulet Hühnchen
poulpe Krake

praires Venusmuscheln
pralines gebrannte Mandeln
préparation Zubereitung
pressé ausgepreßt
prêt fertig
prix Preis
pruneaux Backpflaumen, Dörrpflaumen
prunes Pflaumen
purée Püree, Mus

quenelles Klößchen
quetsches Zwetschgen
queue Schwanz

râble hinteres Rückenstück
ragoût Ragout
raie Rochen
raisins Weintrauben, Rosinen
ramier Ringeltaube
rapide schnell
ratafia Traubensaft mit Branntwein
ravioles Ravioli
recommande empfohlen
régime Diät
reine-claudes kleine gelbe Pflaumen
repas Mahlzeit
reprener zurücknehmen
rhubarbe Rhabarber
ris de veau Kalbsbries
riz Reis, Reisgericht
rognons Nieren
romarin Rosmarin
rôti Braten, gebraten
rouge rot
rouget Rotbarbe
rutabagas Rübenkraut

safran Safran
saignant blutig
salade Salat
salade verte grüner Salat
salé gepökeltes Schweinefleisch
salsifis Schwarzwurzeln

sandre   Zander
sang   Blut
sanglier   Wildschwein
sans   ohne
sarcelle   Knäkente, Wildente
sardine   Sardine
sariette   Bohnenkraut
sauce   Soße
saucisse   Wurst, Bratwurst
saucisson   Wurst
sauge   Salbei
saumon   Lachs
sauté   geschmort
sec   trocken
sel   Salz
selle   Rücken
seltz   Sodawasser
service   Bedienung
servir   bedienen
soif   Durst
sole   Seezunge
sommelier   Weinkellner
soufflé   Auflauf
soupe   Suppe, Brühe
souper   spätes Abendessen
sucre   Zucker
supplément   Aufschlag

tanche   Schleie
tarte   Torte, Obstkuchen
tartelette   Törtchen
tasse   Tasse
terrine   Schüssel
tête   Kopf
thé   schwarzer Tee
thon   Thunfisch
thym   Thymian
tilleul   Lindenblüte
toast   Toast
tomates   Tomaten
tourte   gefüllte Torte
tripes   Kaldaunen, Kutteln
truffé   getrüffelt
truffes   Trüffeln
truite   Forelle
turbot   Steinbutt

vanille   Vanille
veau   Kalb
verre   Glas
viande   Fleisch
vignerons   Weinberg-
   schnecken
vin   Wein
volaille   Geflügel

Dieses Buch hilft dem Touristen. Es macht das Essen in England, Wales, Schottland und Irland unproblematisch. Der Reisende kann das bestellen, worauf er wirklich Appetit hat. Sibylle Bachs praktischer Führer durch die Speise- und Getränkekarten Großbritanniens verrät die Zusammenstellung der Gerichte und gibt über regionale Spezialitäten Auskunft. Register in Deutsch und Englisch helfen beim Studium der Speisekarte und beim Bestellen. Ernst Hürlimann hat den beliebten Ratgeber illustriert.

Wir gehen essen in
Großbritannien
(England, Wales, Schottland, Irland)
156 Seiten, Farbabbildungen, Zeichnungen

Weitere ADAC-Reiseratgeber

Wir gehen essen in Griechenland
2. Auflage, 172 Seiten, Farbabbildungen, Zeichnungen

Wir gehen essen in Jugoslawien
2. Auflage, 120 Seiten, Farbabbildungen, Zeichnungen

Wir gehen essen in Italien
5. Auflage, 156 Seiten, Farbabbildungen, Zeichnungen

Wir gehen essen in Spanien
5. Auflage, 148 Seiten, Farbabbildungen, Zeichnungen

Wir gehen essen in Ungarn
156 Seiten, Farbabbildungen, Zeichnungen

Erhältlich im Buchhandel
und beim ADAC

Wörterverzeichnis deutsch – französisch

Aal anguille
Aalbrut pibales, angulas, civelles
Abendessen dîner
Abendessen (spät) souper
Änderung changement
Äpfel pommes
Alkohol alcool
Ananas ananas
Anchovis anchois
Anis anis
Apfelmus purée de pommes
Apfelsine orange
Apfelwein cidre
Appetit appétit
Aprikosen apricots
Artischocken artichauts
Artischockenböden fonds d'artichauts
Asche cendre
Auberginen aubergines
Auerhahn coq de bruyère
Auflauf soufflé
Aufschlag supplément
ausgepreßt pressé
Austern huîtres
Auswahl assortiment
Avocados avocats

Backofen four
Backpflaumen pruneaux
Bananen bananes
Basilikum basilic
Becher coupe
bedienen servir
Bedienung service
Beefsteak bifteck
Beifuß armoise
Beilage garniture
Belon-Austern cancalaises, armoricaines
bestellen commander
Bestellung commande
Bier bière
Birnen poires
Blätterteig feuilleté
blau bleu

Blaubeeren airelles myrtilles
Blaukraut chou rouge
Bleichsellerie céleri
Blumenkohl chou-fleur
Blut sang
blutig saignant
Blutwurst boudin noir
Bohnen (grün) haricots verts
Bohnenkerne fèves
Bohnenkerne (klein, weiß-grün) flageolets
Bohnenkerne (rot) haricots rouges
Bohnenkerne (weiß) mojettes
Bohnenkraut sariette
Borretsch bourrache
Branntwein eau-de-vie
Braten rôti
Bratrost gril
Bratrost (klein) brochette
Bratspieß broche
Brombeeren mûres sauvages
Brot pain
Brust poitrine
Büffet buffet
Butter beurre
Buttermilch lait de beurre

Champagner champagne
Champignons champignons
Chicoree chicorée, endives
coffeinfrei decaféiné
Creme mousse, crème
Curry carry, cary, curry

Datteln dattes
Diabetiker diabétique
Diät régime
dicke Milch lait caillé
Dill aneth
Disteln (eßbar) cardons
Drossel grive
Durst soif

Ei œuf
einfach ordinaire
Eingangsgerichte entrées

Eis glace
eiskalt glacé
empfohlen recommandé
Ente canard
Ente (jung) caneton
Erbsen pois
Erbsen (grün) petits pois
Erdbeeren fraises
Erdnüsse cacahuètes,
  arachides
Espresso café express
essen manger
Essiggürkchen cornichons
Estragon estragon

Fasan faisan
Faß fût
Faßbier bière à la pression
Feigen figues
fein fin
Feldlerche mauviette
Fenchel fenouil
fertig prêt
Fett graisse
fett gras
Fettammer ortolan
Feuer feu
Filet filet
Filetstück entrecôte
Filter filtre
Fisch poisson
Fladen flan
flambiert flambé
Flasche bouteille
Fleisch viande
Fleischbrühe bouillon
Fleischwaren charcuterie
Flunder flandre, flet, flondre
Flußbarbe barbeau
Forelle truite
Frikassee fricassée
frisch frais
Frischling marcassin
Frosch(schenkel) grenouille
Früchte fruits
Frühstück petit déjeuner
Fuß pied

Gabel fourchette
Gänseleber foie gras
Gans oie
Gans (jung) oison
Garnelen crevettes
garniert garni
gebacken frit
Gebackenes friture
Gebäck pâtisserie
Gebratenes rôtis
Gedeck couvert
Geflügel volaille
gefroren glacé
gefüllt farci
gegrillt grillé
Gegrilltes grillade
gekocht bouilli, cuit, poché
Gelee gelée
Gemüse légume
geräuchert fumé
Gericht plat
Geschmack goût
geschmort braisé, sauté
gesotten bouilli
Getränk boisson
getrüffelt truffé
Glas verre
Glattbutt barbue
Goldbrasse dorade
Granatapfel grenade
Grapefruit grape-fruit,
  pampelmousse
Grill gril
Größe grosseur
Gründlinge goujons
grüner Salat laitues, salade
  verte
Grünkohl chou vert
Gulasch goulache
Gurke concombre
Gurken (süßsauer) corni-
  chons
Hähnchen coquelet
Hahn coq
halb demi
Halsgrat échine
Hammel mouton

hart dur
Hase lièvre
Haselhuhn gelinotte
Haselnüsse noisettes, avelines
Haus maison
Hauskaninchen lapin domestique, clapier
Hecht brochet
Hefekuchen brioche
Heidelbeeren airelles
Heilbutt flétan
Henne poule
Hering hareng
Herz cœur
Herzmuscheln bucardes, coques
Himbeeren framboises
Hirn cervelle
Holzkohlenfeuer feu de bois
Hopfen houblon
Hühnchen poulet
Huhn poule
Hummer homard
Hunger faim

Ingwer gingembre

Jakobsmuscheln coquilles
Joghurt jaourt, yoghourt
Johannisbeeren (rot) groseilles rouges
Johannisbeeren (schwarz) cassis

Kabeljau cabillaud
Käse fromage
Käsekuchen gougère
Kaffee café
Kalb veau
Kalbsbries ris de veau
Kalbsnuß noix de veau
Kaldaunen tripes
kalt froid
Kamille camomille
Kaninchen lapin
Kaninchen (jung) lapereau
Kanne pichet

Kapern câpres
Karaffe carafe
Karamel caramel
Karotten carottes
Karpfen carpe
Kartoffeln pommes de terre
Kastanien (eßbar) marrons, châtaignes
Kaviar caviar
Kellner garçon
Kerbel cerfenil
Kichererbsen poires chiches
Kirschen cerises
klein petit
Kliesche limande
Klößchen quenelles
Knäkente sarcelle
Knoblauch ail
Knochenmark moelle
Knollensellerie céleri-rave
Knurrhahn grondin
Koch cuisinier
Kohl chou
Kohlensäure gaz
Kohlrabi chou-rave
Kokosnuß coco
Kompott compote
Kopf hure, tête
kosten (schmecken) déguster
Kotelett côtelette
Krabben crabes, crevettes
Kräuter herbes
Kräutergemisch fines herbes
Kraftbrühe consommé, bouillon
Krake poulpe
Krammetsvogel grive
Kresse cresson
Kruste croûte
Kuchen gâteau, pâtisserie
Küche cuisine
Kürbis potiron, citrouille
Kutteln tripes

Lachs saumon
Lamm agneau, agnelle

Langusten langoustes
Lauch poireau
Leber foie
leicht léger
Lendenstück aloyau, entre-
  côte
Lerche alouette
Likör liqueur
Lindenblüte tilleul
Linsen lentilles
Löffel cuillère
Löwenzahn pissenlit
Lorbeerblatt feuille de laurier
Lunge mou

mager maigre
Magermilch lait écrémé
Mahlzeit repas
Maifisch alose
Majoran marjolaine
Majoran (wild) origan
Makrele maquereau
Mandarinen mandarines
Mandeln (gebrannt) pralines
Mandeln amandes
Maroni marrons, châtaignes
Masthuhn poularde
Maul museau
Meeraal congre
Meeräsche mulet
Meeresfrüchte fruits de mer
Meerschnecken bigorneaux
Melisse mélisse
Melone melon
Menü menu
Messer couteau
Miesmuscheln moules
Milch lait
Milchlinge lactaires
Mineralwasser eau minérale
Minze menthe
Mispelbeeren nèfles
mit avec
Mittagessen déjeuner
Morcheln morilles
Muscheln mollusques,
  coquillages

Muskatblüte macis
Muskatnuß noix de muscade

Nachtisch dessert
Natur nature
Nelke clou de girofle
Netzmelone melon brodé
Neunauge lamproie
Nieren rognons

Obst fruits
Ochse bœuf
Ofen four
ohne sans
Oliven olives
Olivenöl huile
Omelett omelette
Orange orange

Palmenherzen cœurs de pal-
  mier
Pampelmuse grape-fruit,
  pampelmousse
Paprika (Gewürz) paprique,
  paprika
Paprikaschoten poivrons
Pastete pâté
Pastete (warm) croustade
Perlhuhn pintade
Perlhuhn (jung) pintadeau
Petersilie persil
Pfannengebäck beignets
Pfeffer poivre
Pfefferminze menthe
Pfifferlinge girolles, chante-
  relles
Pfirsiche pêches
Pflaumen prunes
Pistazien pistaches
Pökelfleisch (Schwein) salé
Pokal coup
Preis prix
Preiselbeeren airelles
  rouges
probieren déguster
Pute dinde, dindon
Pute (jung) dindonneau

Quappe   lotte
Quitten   coings

Ragout   ragoût
Ravioli   ravioles
Rebhuhn   perdrix
Rebhuhn (jung)   perdreau
Rechnung   addition
Regenpfeifer   pluvier
Reis(gericht)   riz
Rhabarber   rhubarbe
Rind   bœuf
Ringeltaube   palombe, ramier
Rippe   côte
Ritterlinge   mousserons
Rochen   raie
Röstbrotscheibe   croûte
roh   cru
Rosenkohl   choux de Bruxel-
les
Rosinen   raisins, rosines
Rosmarin   romarin
rot   rouge
Rotbarbe   rouget
Rotkohl   chou rouge
Rotzunge   limande
Roulade   ballotine
Rüben (klein, weiß)   navets
Rübenkraut   rutabagas
Rückenstück   aloyau, carré,
selle
Rückenstück (hinteres)
râble
Rühreier   œufs brouillés
Rutte   lotte

Safran   safran
Saft   jus
Saibling   omble
Salat   salade
Salat (grün)   laitues, salade
verte
Salbei   sauge
Salz   sel
Sandfelchen   féra
Sardine   sardine

Sauerampfer   oseille
Sauerkirschen   griottes
Sauerkraut   choucroute
schäumend   mousseux
Schalentiere   crustacés
Schalotten   échalottes
Schaum   mousse
Schellfisch   églefin, aigrefin
Schenkel   cuisse, gigot
Schirmpilze   coulemelles,
lépiotes
Schleie   tanche
Schnecken   escargots
schnell   rapide
Schnittlauch   ciboulette, cive,
civette
Schnitzel   escalope
Schokolade   chocolat
Schüssel   terrine
Schulterstück   épaule
Schwanz   queue
schwarz   noir
Schwarzdrossel   merle
Schwein   porc
Schweineschwarte   couenne
Schweinsohren   oreilles de
porc
schwimmend   à la nage
Seebarsch   bar
Seehecht   colin
Seeigel   oursin
Seeteufel   lotte
Seezunge   sole
Sekt   champagne
Sellerie   céleri, céleri-rave
Senf   moutarde
Sodawasser   eau de Seltz
Soße   sauce
Spargel   asperges
Speck   lard
Spinat   épinards
Stachelbeeren   groseilles
à maquereau
Steinbutt   turbot
Steinpilze   cèpes
Stockfisch   morue
Stör   esturgeon

Streifenbrasse brème
Stück pièce
süß doux
Süßspeisen entremets,
  douceurs
Süßwasserbarsch perche
Sumpfente bec-plat
Suppe potage, soupe

Tageskarte carte du jour
Tasse tasse
Taube pigeon
Tee (aus Kräutern) infusion
Tee (schwarz) thé
Teigkruste croûte
Teigwaren pâtes
Teller assiette
teuer cher
Thunfisch thon
Thymian thym
Tintenfisch calmar
Toast toast
Törtchen tartelette
Tomaten tomates
Topf pot
Torte tarte, flan
Torte (gefüllt) tourte
trocken sec
Trüffel truffe
Truthenne dinde, dindon
Truthenne (jung) dindon-
  neau
Tüte cornet

Vanille vanille
Venusmuscheln praires
Versehen erreur
Vogel oiseau
Vollmilch lait entier
Vorspeisen hors-d'œuvre

Wacholderbeeren baies de
  genièvre
Wachtel caille
Waffeln gaufrettes
Wahl choix
Walderdbeeren fraises des bois

Waldschnepfe bécasse
Walnuß noix
warm chaud
Wassermelone melon d'eau,
  patéque
weich mollet
Wein vin
Weinbergschnecken escar-
  gots, vignerons, cagouillards
Weinkellner sommelier
Weintrauben raisins
weiß blanc
Weißkraut chou blanc, chou
  pommé
Weißwurst boudin blanc
Wickel papillote
Wild gibier
Wildente canard sauvage
Wildente (Knäkente)
  sarcelle
Wildkaninchen lapin de
  garenne
Wildschwein sanglier
Wildschwein (bis 6 Monate)
  marcassin
Wildschwein (6–12 Monate)
  bêterousse
Wirsingkohl chou de Milan,
  chou frisé
Wirt patron, chef
Wittling merlan
Wolfsbarsch loup
Wurst saucisse, saucisson

Zander sandre
Zicklein chevreau
Ziege chèvre
Zimt canelle
Zitrone citron
Zubereitung préparation
Zucker sucre
Zunge langue
zurücknehmen reprendre
zusätzlich en sus
Zwetschgen quetsches
Zwiebeln oignons
Zwischengerichte entremets

Speisenregister französisch

Speisenregister deutsch